삼국유사의
교감학적 연구

삼국유사의
교감학적 연구

| 류부현 著 |

KSI 한국학술정보(주)

이 著書는 2007학년도 대진대학교 학술연구비 지원에 의한 것임

‖目 次‖

緒　言

　　古朝鮮 이후 三國時代에 이르기까지 여러 史書가 편찬되었다고는
하지만, 이것들은 거의 모두가 兵火에 燒失되거나 湮滅되고 말았다.
다행히 高麗時代에 편찬된 金富軾의 「三國史記」(이하 「史記」로 약칭
함)가 남아 있어 우리 古代史研究의 귀중한 자료가 되고 있다. 그러나
「史記」에는 古朝鮮과 관련된 부분이 누락되거나 중요한 事實이 소략
하게 취급된 점이 없지 않은데, 이런 부분을 우리는 「三國遺事」(이하
「遺事」로 약칭함)를 통해서 補完할 수 있다.1) 「史記」와 「遺事」에 같
은 내용의 기사가 나올 때, 대체로 「遺事」가 흔히 原史料의 본 모습을
「史記」보다 더 많이 전해주고 있다.2)

　　주지하듯이 「遺事」는 古朝鮮의 건국 신화로부터 시작하여 주로 三
國의 역사와 부분적으로 高麗 중엽까지의 事實을 담고 있다. 따라서

---

1) 예컨대, 「三國史記」(<高句麗本紀> '嬰陽王'條의 25年 記事)에서 "高句麗를 침략
　　한 隋 煬帝에게 嬰陽王이 使臣을 보내어 항복을 청했다."고 기록한 반면에 「三
　　國遺事」(<興法> '寶藏奉老'條)에서는 이 내용 외에 「高句麗古記」를 인용하여
　　"使臣을 따라간 一人이 隋 煬帝의 가슴에 小弩를 쏘아 맞혔다"는 것까지 收錄
　　되어 있다. (「三國史記」<高句麗本紀> 嬰陽王二十五年條: "二十五年春二月 帝詔
　　百寮議伐高句麗……秋七月 車駕次壞遠鎭……來護兒至卑奢城 我兵逆戰 護兒擊克
　　之 將趣平壤 王懼遣使乞降 因送斛斯政 帝大悅……八月 帝自壞遠鎭班師 十月 帝
　　還西京"
　　「三國遺事」<興法> 寶藏奉老條: "又案高句麗古記云 隋煬帝以大業八年壬申 領三
　　十萬兵 渡海來征 十年甲戌十月 [時第二十六代嬰陽王立二十五年也] 上表乞降 時
　　有一人密持小弩於壞中 隨表使 到煬帝舡中 帝奉表讀之 弩發中帝胸")
2) 李基白, <「三國遺事」의 史學史的 意義>. 「韓國史學의 方向」. 1978. p.47.

여기에는 高句麗·百濟·新羅의 政治, 經濟, 社會, 文化, 宗教 등 각 방면에 관한 史料는 물론 伽耶의 역사 기록인 駕洛國記와 鄕歌를 비롯한 우리의 古代語에 관한 자료가 수록되어 있어, 해당 시기의 각 방면의 연구에는 필수 불가결한 文獻이라고 하겠다. 이러한 이유에서 「遺事」에 대해서는 古朝鮮 및 三國의 역사, 佛敎에 관련된 事實, 鄕歌와 古語 등을 중심으로 史學, 國語 國文學, 佛敎學的인 견지에서 많은 연구가 이루어졌다.3)

그런데 韓國 古代史의 가장 기본적인 史料라는 공통된 인식에도 불구하고, 「遺事」의 이해에 무엇보다 선행되어야 하는 諸 板本의 性格, 校勘 및 편찬과정이나 찬술자에 대하여 종래 다소간의 이견이 있었다. 다만 그 편찬과정과 撰述者에 대하여는 대체로 高麗時代 僧一然(1206~1289)이 그의 晩年에 執筆하고 제자인 無極(1251~1322)에 의해서 1310년대에 처음으로 간행되었음이 定說로 받아들여지고 있다.4)

한편 「遺事」는 無極의 初刊 이래로 몇 차례 重刊되었는데, 현재는 朝鮮 初期와 中宗 7年에 慶州에서 重刊된 木板本 몇 종만이 전존되고 있다. 또한 「遺事」의 校勘·校正本은 1904년에 坪井九馬三·日下寬의 '東京帝國大學史誌叢書本'을 비롯하여, 1992년 김용옥의 「三國遺事引得」이 나오기까지 17여 종이 간행되었다. 그러나 「遺事」는 傳存本 상호간에 文字의 異同이 나타나고 板本의 전존 상태도 매우 粗惡하기 때문에 先行의 校勘·校正에도 상당한 한계가 있었다. 따라서 「遺事」의 校勘, 文字異同, 板本의 性格, 板刻經緯 등에 대한 기존 연구가 이러한 한계를 가지게 된 것은 다음과 같은 몇 가지 문제점

---

3) 「遺事」에 관한 연구 성과에 대해서는 姜仁求의, <三國遺事關係論著目錄> (「三國遺事의 綜合的 考察」, 精文硏. 1987)을 참조.
4) 劉鐸一, <三國遺事의 文獻變化 樣相과 變因>, 「三國遺事研究」上, 嶺南大, 1983, p.270과 金相鉉, <三國遺事의 書誌學的 考察>, 「三國遺事의 綜合的 考察」, 精文硏, 1987, p.33 및 南權熙, <泥山本「三國遺事」의 書誌的 考察>, 「書誌學研究」 5·6합집, 書誌學會, 1990, p.207참조.

에 기인한다.

첫째, 제한된 자료에 의해서 부분적으로 이루어졌다는 점이다. 즉 「遺事」의 板本 가운데 '卷二'는 그 鮮初本이 최근에 발견되었기 때문에 종래 壬申本만이 교감에 이용되었으며,5) 壬申本 또한 전존되는 모든 板本이 활용되지는 못했다.

둘째, 「遺事」의 일부를 취사선택하여 고찰한 경우이다. 柳鐸一6)은 「遺事」의 本文變化 樣相과 그 變因을 분석하여 誤字, 脫字, 衍加 등을 35개 항에 걸쳐 究明하였지만, 이는 「遺事」 전체의 變化樣相이 포괄된 것이 아니라 연구자의 주관에 따라 取捨選擇한 자료에 의해서 분석된 것이다.

셋째, 傳存되고 있는 板本 가운데 後人 加筆字가 많은 天理大本을 교감의 주된 底本으로 삼았다는 점이다. 다음 第Ⅰ章에서 언급할 기존의 校正本은 물론이고 金相鉉, 南權熙의 연구7) 역시 天理大本을 對校의 주된 저본으로 삼았던 것이다.

넷째, 壬申本 및 鮮初本의 對校가 未盡했다는 점이다. 즉 대부분의 선행연구에서는 加筆字·壞字·俗字 등을 간과했기 때문에 이에 따른 오류가 야기되었다.

결국 선학의 연구에서는 판본 간의 對校와 文字異同에 대한 원인분석이 미흡하여 誤校와 未校正字가 발생되었던 것이다. 더욱이 諸板本의 성격 및 壬申本의 板刻 經緯에 대해서도 면밀한 고찰이 진행되지 못했다고 생각된다.

筆者는 이러한 점에 着眼하여 「遺事」의 原文 전체와 이용가능한 모

---

5) '卷二'에 해당하는 이 印本은 1990년 9월에 南權熙가 學界에 소개한 것으로 아직까지는 그가 이에 대한 유일한 연구자가 된다(南權熙, <泥山本 「三國遺事」의 書誌的 考察>, 「書誌學研究」5·6합집, 書誌學會, 1990).

6) 鐸一, <三國遺事의 文獻變化 樣相과 變因>, 「三國遺事研究」上, 嶺南大, 1983.

7) 金相鉉, <三國遺事의 書誌學的 考察>, 「三國遺事의 綜合的 考察」, 精文研, 1987.
南權熙, <泥山本 「三國遺事」의 書誌的 考察>, 「書誌學研究」5·6합집, 書誌學會, 1990.

든 傳存本(鮮初本 및 壬申本)을 연구 範圍와 對象으로 설정하여, 「遺事」에 대한 全般的인 校勘8)을 시도하고자 한다. 본문의 전개 과정 및 주요 분석 내용을 밝혀 보면 다음과 같다.

먼저 第Ⅰ章에서는 「遺事」에 대한 기존의 연구 성과를 소개하면서 거기에 나타나는 문제점을 지적하고자 한다. 이것은 앞서 지적한 종래 연구의 한계점을 항목별로 재검토함으로써 본 연구의 과제를 재확인하려는 의도에서 설정하였다. 즉 「遺事」의 體裁를 확인하고 板本의 성격, 板刻 經緯, 각 板本 사이의 문자이동 등에 대한 연구를 토대로 「遺事」의 傳存本 및 校正本의 현황을 정리하여 본 연구의 전제로 삼고자 한다.

第Ⅱ章에서는 鮮初本과 壬申本의 諸 板本의 綿密한 對校를 통해서 정확한 文字異同과 그 原因을 분석하여 校勘하고자 한다. 이에 따라 문자이동을 유형별로 정리하되, 특히 필자는 종래의 板本 對校에서 看過되었던 加筆字・壞字・俗字 등에 주목할 것이다.

주지하듯이 文獻의 校勘・校正은 그 文獻을 대상으로 한 여러 분야의 연구에 반드시 선행되어야 하는 작업이다. 물론 '校勘의 方法'에는 陳垣의 지적대로 對校・本校・他校・理校 등을 들 수 있으나, "무릇 한 책을 校勘하려면 반드시 먼저 對校法을 사용하고 그다음에 다시 다른 교감법을 이용해야 한다"9)는 그의 주장처럼 무엇보다도 선행되어야 할 것은 이 對校法이라 하겠다.10)

第Ⅲ章에서는 판본 간의 문자이동에 대한 분석 결과를 바탕으로

---

8) 필자는 이에 대한 부분적인 연구로서 다음의 拙稿를 발표한 바 있다.
　柳富鉉, <「三國遺事」 王曆 校勘考>, 「史學研究」 43・44號, 韓國史學會, 1992.
　柳富鉉, <「三國遺事」 '卷二'에 대한 書誌學的 考察>, 「東方學志」 76輯, 延世大學校 國學研究院, 1992.
9) 陳垣, 「校勘學釋例」, 臺灣學生書局, 1975, p.144.
10) 이러한 인식은 "善本을 가지고 對校하는 것은 校勘學의 靈魂이며 교감학의 유일한 길이다"라고 언급한 胡適도 이미 지적한 바이다(胡適, <校勘學方法論>, 「中國圖書・文獻學論集」, 明文書局(上), 1983, p.295 참조).

하여 旣存 校正本의 誤校 및 未校正字를 究明하고자 한다. 종래 선
학의 연구에서의 通念的인 「遺事」의 "定本"에 내포되어 있던 문제점
이나 한계는 이를 통해서 어느 정도 해소될 것으로 생각된다. 이러
한 한계는 앞서 지적하였던 對校上의 문제점들에서 기인된 것임이
확인될 것이다.

第Ⅳ章에서는 前 Ⅲ章의 분석을 토대로 現存하는 諸 板本의 性格
과 壬申本의 板刻經緯 등에 대해서 고찰하고자 한다. 板本의 성격을
통해서 판본 간의 優劣을 比定하는 작업은 어떤 史料를 검토 대상으
로 하는 연구에서는 우선적으로 진행되어야 할 문제11)이다. 또한 필
자는 板本의 性格 규명과 관련하여 기왕에 많은 논란이 있었던 壬申
本의 板刻 經緯 문제를 鮮初本과 壬申本의 비교분석이 가능한 '卷
二'에 국한시켜 재분석해 보고자 한다. 즉 鮮初本·壬申本의 板式과
文字異同의 대조 및 대교를 통해 판각 경위를 파악하는 데 주안점을
둘 것이다. 그리고 이러한 판본상의 문제와 관련하여 板本의 行·字
數에 대한 분석도 아울러 첨가하고자 한다.

이상의 작업은 모두 「遺事」의 初刊 이후 壬申本으로 전승되면서
발생된 誤謬를 校正하여 「遺事」의 本來 모습을 復元하는 데 그 目的
이 있다.

---

11) 一例를 들면, 東國大 韓國佛敎全書編纂委員會의 「遺事」對校에는 板本의 優劣批
正에 오류가 있어서 壬申本 가운데 最古本인 서울大本이 그 底本으로 이용되지
못했던 한계를 지적할 수 있다. 이 책에서는 서울大本을 壬申本 以後의 補刻本
으로 인식하여 후술하는 바와 같이 서울大本보다 後印本인 晩松文庫本을 對校
의 底本으로 삼았다 (韓國佛敎全書編纂委員會編, 「韓國佛敎全書, 제6책 高麗時
代篇」, 東國大, 1984).

I. 三國遺事 校勘에 대한 諸 問題

이 章에서는 「遺事」에 대한 기존의 연구를 약술하고 그 校勘에 관한 諸 問題를 기술하여 본 硏究의 導論으로 삼고자 한다.

「遺事」에 대한 기존의 연구를 보면 「遺事」의 撰者 및 撰述 時期·體制·刊行을 비롯하여 文字異同·板本의 性格과 板刻 등에 대한 考察1)이 이루어진 바 있다.

이들 연구의 결론은 몇 가지로 요약할 수 있다. 첫째, 「遺事」의 撰者는 一然(1206~89)이며2) 撰述은 70대 후반으로부터 84세로 入寂하기까지의 주로 그의 晩年에 이루어졌다.3) 둘째, 그 體裁4)에 있

---

1) 今西龍, <正德刊本三國遺事に就て>, 「典籍之研究」5·6, 1927.
　　李基白, <三國遺事 筆寫本>, 「고대도서관보」2집, 1979.
　　村上四男, <三國遺事解說>, 「朝鮮學報」99·100輯, 1981.
　　金相鉉, <三國遺事의 刊行과 流通>, 「韓國史研究」38, 1982.
　　柳鐸一, <三國遺事 文獻變化 樣相과 變因>, 「三國遺事研究」上, 嶺南大, 1983.
　　金相鉉, <三國遺事의 王曆篇 檢討>, 「東洋學」15집, 1985.
　　金相鉉, <三國遺事의 書誌學的 考察>, 「三國遺事의 綜合的 考察」, 精文研, 1987.
　　南權熙, <泥山本 「三國遺事」의 書誌 考察>, 「書誌學研究」5·6합집, 書誌學會, 1990.

2) 「遺事」의 卷五에만 남아 있는 "國尊曹溪宗迦智山下麟角寺住持圓鏡沖照大禪師一然撰" 이라는 撰者의 職銜 및 이름과 卷三의 '前後所將舍利'條와 卷四의 '眞表傳簡'條에 기재된 無極記라는 기록으로 인해서 一然과 無極을 同一人으로 인식하거나, 「遺事」를 一然과 無極의 共著로 혹은 無極의 著述로 착각하기도 했다. 그러나 無極은 一然의 弟子이고, 앞의 "無極記"라는 것은 無極의 附記였음이 구명되었던 것이다 (여기에 대해서는 朴魯春의<一然의 號와 混丘의 號>, 「語文研究」25·26, 1980 및 金相鉉의 <三國遺事의 書誌學的 考察>, 「三國遺事의 綜合的考察」, 精文研, 1987, pp.27-38을 참조바람).

어서 王曆篇은 「遺事」의 체재상 附錄的인 것이며 또한 一然의 著述
도 아닐 것이다.5) 셋째, 그 初刊은 제자인 無極(1251-1322)에 의해
서 1310년대에 이루어졌다.6) 初刊 이후로는 鮮初(1394년경) 및 中

---

3) 金相鉉은 「遺事」 卷五에 기재된 一然의 職衛 가운데, '圓鏡沖照'라는 國師號를
忠烈王 9년(1284)에 받고 '麟角寺住持'로 있었던 때가 忠烈王 10년(1285)인 점
과 一然이 입적하기 몇 달 전인 1289년 봄에 「人天寶鑑」을 彫板하여 流布하려
고 했던 사실에 의거하여, 그 撰述은 70대 후반으로부터 84세로 入寂하기까지
주로 晩年에 이루어진 것으로 論及하였다(金相鉉, 상게서, p.33).

4) 「遺事」는 王曆·紀異·興法·塔像·義解·神呪·感通·避隱·孝善 등 9개 篇目
으로 되어 있는데, 板本의 內題를 통해 그 體制를 살펴보면 아래와 같다.
三國遺事 王曆第一.
　　紀異 卷第一.
三國邇事 卷第二.
三國遺事 卷第三, 興法第三, 塔像第四.
三國遺事 卷第四, 義解第五.
三國遺事 卷第五, 神呪第六, 感通第七, 避隱第八, 孝善第九.
여기에서 문제가 되는 것은 王曆부터 卷二까지의 혼란이다. 王曆은 '第一', 紀異
는 '卷第一'로 모두 '第一'로 되어 있으며, 卷第二는 篇題가 없다. 일찌기 崔南善
은 <三國遺事 解題>, 「新訂三國遺事」(三中堂, 1946)에서 이를 "三國遺事 卷第一
王曆第一 紀異第二 卷第二"로 정리하여 王曆과 紀異가 卷一에 속해 있는 것으로
보았다.

5) 金相鉉은 「遺事」의 卷次와 篇目의 混亂에 대해서, 먼저 村上四男의 "王曆은 原
來 독립된 한 책이었던 것을 편의상 「遺事」의 일부분으로 하여 나중에 덧붙인
때문"이라는 견해를 언급하고, 王曆 부분에 해당하는 板木 15장 및 紀異卷第一
에 해당하는 板木 37장에는 板心題가 모두 '三國遺事 卷一'로 되어 卷次가 중복
되어 있는 점과 紀異 敍文에서의 '紀異를 諸篇의 머리에 싣는다'는 내용 그리고
王曆과 紀異 이하 諸篇과의 내용이 서로 다른 경우가 많은 것을 考證하여, 王曆
은 「遺事」 체제상의 附錄인 것이며, 一然에 의해서 저술된 것이 아닐 것임을
考究하고 아래와 같이 정리하였다(金相鉉, <三國遺事의 王曆篇 檢討>, 「東洋學」
15집, 1985. p.222).

　　三國遺事 卷第一　　　　三國遺事 卷第一　　　　三國遺事 卷第二
　　　　王曆第一　　　　　　　　紀異第一　　　　　　　　紀異第二

6) 「遺事」의 初刊에 대해서는 撰者인 一然 혹은 제자인 無極에 의해서 간행되었을
것으로 추정되어 왔다. 崔南善은 「新訂三國遺事」(三中堂, 1946, p.7)에서 「遺事」
가 찬술된 전후의 高麗 사회에 鏤板이 성행했고 일연의 碑文에서 그의 "저술
100여권이 세상에 행해지고 있다"는 것에 근거하여 일연이 初刊한 것으로 인식
하였다. 반면에 高橋亨은 <三國遺事の 註及檀君傳說の 發展>(「朝鮮學報」, 1955,
p.66)에서 일연의 晩年에 脫稿되어 稿本으로 전해지다가, 그가 入寂한 뒤에 제
자 無極의 면밀한 검토를 거친 뒤에 初刊된 것으로 보았다. 柳鐸一은 <三國遺事
의 文獻變化 樣相과 變因>(「三國遺事研究」上, 1983, p.271)에서 무극이 1295년

宗 7년(1512) 慶州에서 重刊되었다. 이는 이른바 '正德本'·'壬申本'
이 1512년 慶州에서 重刊되면서 첨가된 慶州府尹 李繼福 跋文의
"우리나라의 三國本史와 遺事 두 책은 다른 곳에서는 간행되지 않았
고 오직 本府(慶州府)에서만 간행되었다."는 기록과 壬申本「史記」
卷末에 부록된 金居斗의 跋文(이것은 金居斗가 1394년에「史記」를
重刊하면서 쓴 跋文으로 壬申本「史記」에 부록되어 있는 것이다)에
서 "甲戌年(1392) 여름 4월에 刊行을 마쳤다"는 내용에 근거하여,
金居斗가「史記」를 중간한 1394년 무렵에「遺事」도 중간되었을 것
으로 類推한 것이다. 1394년경에 刊刻된 冊板에서 인출된 印本[7]은
古板本으로 알려진 鶴山本·石南本·泥山本 등이 殘本으로 傳存되고
있으며, 1512년에 板刻된 冊板에서 인출된 板本은 서울大本·天理
大本·晩松文庫本·蓬左文庫本 등 여러 種이 完帙로 현존하고 있다.
(본고에서는 鮮初인 1394년경에 간행된 판본을 '鮮初本', 1512년에
간행된 것을 '壬申本'으로 通稱한다.)

  본 연구의 핵심이 되는 校勘 및 文字異同에 대하여도 최근 몇 편
의 주목되는 논문이 발표되었다. 柳鐸一은 <三國遺事의 文獻變化 樣
相과 變因>[8)]에서「遺事」의 本文變化樣相과 그 變因을 取捨選擇한

일연의 碑를 세운 다음으로부터 그가 입적한 1322년 사이에「遺事」의 定稿本을
만들었고 그 때 미심쩍은 곳에는 자기 의견을 補入하고 분량에 따라 分卷하여
登梓原稿를 완성 一次 刊行한 것으로 추정하였다. 金相鉉은 이 책이 일연의 晩
年에 탈고 되었고, 일연의 行狀을 쓴 無極 및 碑文을 지은 閔漬적의 경우 歷史
書에 대한 관심이 높았음에도 비문에 그 書名이 보이지 않으며, 補足의 기록(無
極의 附記)을 첨가하기에는 板本에 비해 原稿本이 더 용이했을 것 등을 감안하
면 無極이 初刊했을 가능성이 높다는 견해를 피력했고, 그 시기는 그의 名聲이
널리 퍼지기 시작한 1308년(無極의 自號 時期로 추측한 것임) 이후부터 無極이
入寂한 1332년 사이인 1310년대로 추정하였다(金相鉉, <三國遺事의 書誌學的
考察>,「三 國遺事의 綜合的考察」, 精文研, 1987, pp.34-42).
7) 이들 板本 가운데 필자가 실물을 확인한 泥山本은 壬申本과 그 體制는 동일하나
板式에서 魚尾·匡郭·邊欄·字劃·글자의 굵기 등이 차이가나고, 文字異同의
상태가 壬申本 이전의 형태를 보여 주고 있다.
8) 柳鐸一, 전게서, p.273

자료에 의해서 분석하여 誤字, 脫字, 闕字, 疊字, 重文, 衍加, 混淆, 顚倒 등을 35개 항에 걸쳐 究明하였다. 金相鉉은 <三國遺事의 書誌學的 考察>9)에서 石南本·鶴山本(松隱本)의 筆寫本을 고찰하여 <王曆>, '卷一', '卷三·四·五'에 나타난 문자이동인 誤字, 脫字, 闕字, 疊字, 衍加, 混淆, 顚倒 등을 30개 항에 걸쳐 밝혀 놓았고, 이들과 壬申本인 天理大本과의 對校를 통해서 58개 항에 달하는 文字異同을 校勘하였다. 南權熙는 <泥山本「三國遺事」의 書誌的 考察>10)에서 새로 발견된 泥山本(鮮初本)과 天理大本(壬申本) 및 先行校勘의 對校를 통해 250여개 항의 문자이동을 교감하였다.

또한 板本의 성격에 관해서 村上四男은 <三國遺事解說>11)에서 天理大本을 壬申本 가운데 最古 最善本으로 闡明하였으며, 金相鉉은 <三國遺事의 書誌學的 考察>12)에서 서울大本이 1512년에 重刊된 이후 補刻된 壬申本의 補刻本이라는 견해를 보였다. 板刻에 대한 고찰로서 今西龍은 舊刻板 50板이 壬申本이 重刊될 때 그대로 사용되었으며,13) 柳鐸一은 전체 218板 중에 40板은 舊刻板이고 나머지 178板이 당시에 改刻된 것이었고,14) 金相鉉은 사용이 가능한 舊刻板은 그대로 두고, 마멸이 심한 板만을 改板한 것이었다15)는 고찰이 있었다. 또한 南權熙는 '卷二'의 판각에 대해서 泥山本과 壬申本과의 대조를 통해서 '卷二'의 제3-18, 28-33, 41, 44張의 24板은 舊刻板의 형태를 지니고 있으며, 제1, 2, 19-27, 34-40, 42, 43, 45-49張까지의 25板은 改刻板인 것16)으로 밝히고 있다.

---

9) 金相鉉, 전게서, p.68.
10) 南權熙, 전게서, p.227.
11) 村上四男, 전게서, p.261.
12) 金相鉉, 전게서, p.59.
13) 今西龍, <正德本三國遺事に就て>, 「典籍之硏究」5·6, 1927, p.108.
14) 柳鐸一, 전게서, p.263.
15) 金相鉉, 전게서, p.57.
16) 南權熙, 전게서, p.218.

이와 같은 先學의 「遺事」에 대한 문자이동의 原因, 그 類型의 分析 및 校勘을 비롯한 板本의 性格 및 板刻에 대한 고찰은 「遺事」의 研究에 있어서 그 礎石이 되는 勞作이었다. 그러나 文字異同의 類型 分析은 「遺事」를 부분적으로 취사선택하여 고찰한 것이었고, 그 校勘은 제한된 자료를 토대로 부분적으로 고찰하였으며, 傳存本 가운데 後人의 加筆字가 많은 天理大本을 그 주된 對校 대상으로 삼은 것이다. 그리고 板本의 性格 및 板刻에 대한 고찰은 壬申本 間 및 鮮初本의 대교가 미진했기 때문에 그 연구 성과가 미흡하게 되었던 것이다.17) 또한 先學에 의한 校勘·校正本은 1904년에 坪井九馬三·日下寬의 '東京帝國大學史誌叢書本'이 간행된 이래 1992년 김용옥의 「三國遺事引得」이 나오기까지 17여 종18)이 간행되었다. 하지만 既存의 校勘·校正本에서는 모든 鮮初本19)과 壬申本이 그 교감에 이용되지 못하였고, 底本으로 주로 이용된 것은 그 影印本20)이었기 때문에 미세하나마 誤謬를 범했거나, 校正에 있어서 소홀히 다룬 부분들이 나타난다. 그렇기 때문에 「遺事」 壬申本의 諸 印本 間의 對校 및 壬申本에 뒤섞여 있는 古刻板에 대한 정밀한 검토와 임신본 이후의 補刻에 관한 문제가 課題로21) 남아 있었고, 「遺事」의 모든 자료가 공개되어

---

17) 본 연구의 결과에 의하면 天理大本은 서울大本보다 늦게 印出되었고, 後人의 加筆이 수없이 가해진 改惡本이었으며, '卷二'의 板刻은 飜刻과 筆寫改刻에 의한 것이었다.

18) 이 校正本에 대해서는 後述한 바를 참조 바람.

19) 「遺事」 가운데 '卷二'는 종래 壬申本만이 학계에 공개되었고, 이에 해당되는 鮮初本은 최근에 南權熙에 의해서 소개되었다. 즉 '卷二'에 대한 기존의 校勘은 壬申本만을 토대로 이루어진 것이다.

20) 影印本 가운데 天理大本을 底本으로 한 것은 京都帝國大學本(1926년, 京都帝國大學文學部叢書 第6), 古典刊行會本(1932년, 學東叢書 제2), 學習院本(1936년, 學習院東洋文化研究所) 등이 있고 (여기에 대해서는 村上四男, <三國遺事解說>, 「朝鮮學報」, 99·100집, 1981, p.264에 자세한 解題가 되어있다), 서울大本을 底本으로 한 것은 民族文化推進會本(1973년, 韓國古典叢書1)이 있으며, 高大所藏 筆寫本(鮮初本인 石南本과 鶴山本의 필사본)과 高大晩松文庫本은 1983년 '高大中央圖書館圖書影印 제12호'로 旿晟社에서 영인하여 頒布하였다.

21) 金相鉉, <三國遺事의 書誌學的 考察>, 「三國遺事의 綜合的 考察」, 精文研, 1987, p.71.

상호간의 관계가 체계적으로 밝혀져야 한다는 요구22)가 있게 되었다.

위와 같은 문제점을 해결하기 위해서는 우선 傳存되고 있는 모든 板本(鮮初本 및 壬申本)과의 綿密한 對校를 통해서 「遺事」 전체의 原文에 대한 諸 板本의 정확한 文字異同과 그 原因을 분석하여 校勘하는 것이 急先務이고, 다음으로 對校의 결과를 토대로 하여 기존 교정본에서의 誤校 및 未校正字 그리고 諸 板本의 性格과 板刻經緯 등이 究明되어야 할 것이다.

이러한 연구를 위해 먼저 傳存되고 있는 諸 板本의 현황을 表로 만들면 다음과 같다.

<표1> '「三國遺事」의 傳存 狀況'

板種		所藏處	板本名 (略稱)	傳存 卷次	缺落 部分	傳存 經緯	備考
木板本 鮮初本	1	?	石南本	王曆·卷1	王曆의 10, 11장	大邱의 李氏→ 宋錫夏(石南)→?	
	2	?	泥山本 (「泥山」)	卷2	卷2의 17, 18, 19, 20장	尼山南氏→?	23)
	3	郭英大	鶴山本 或松隱本	卷3·4·5	卷3의 첫부분 6장 卷5의 끝부분 4장	權悳奎→李仁榮(鶴山) 李秉直(松隱)→郭英大	
	4	? (金相鉉紹介本)		王曆·卷 1·2	?		24)
筆寫本	5	高大	(「石筆」)	王曆·卷1(石南本의 筆寫本)		孫晉泰에 의해서 石南本과 鶴山本을 底本으로 해서 이루어진 것임	
			(「鶴筆」)	卷3·4·5 (鶴山本의 筆寫本)			
壬申本	6	서울大	(「서울」)	完帙		黃義敦→通文館→서울大	
	7	高大(六堂文庫)		卷3·4·5	卷3의 첫 부분 10장 卷5의 18장 後面 부터 끝까지	僧侶→朝鮮光文會(崔南善) 제1호→? 제2(3?)호25)→高大亞細亞 問題研究所→六堂文庫	
	8	天理大 (「天理」)		完帙		金緣→安鼎福? 今西龍→天理大	26)

22) 南權熙, <泥山本 「三國遺事」의 書誌的 考察>, 「書誌學研究」5·6합집, 書誌學會, 1990, p.324.

	9	高大(晩松文庫) (「晩松」)	完帙	卷2 49장 卷3의 1장 卷3의 2장의 前面 卷5의 29, 30, 31장	金完燮(晩松)→晩松文庫	
壬申本의 後刷本	10	?	卷3·4·5	下同	金剛山 楡岾寺→ 渡邊彰→?	27)
	11	蓬左文庫 (「蓬左」)	完帙	王曆의 1, 2장 卷1의 7, 8장 卷3의 52, 55, 56장	加藤淸正(壬亂)→ 德川家→蓬左文庫	28)
	12	?	完帙	上同	壬亂→神田家?	29)
	13	? (南權熙紹介本)	卷3	卷3의 52, 55, 56장	泥山南氏→?	30)
	14	國立中央圖書館 (「武者」)	王曆	王曆의 1, 2, 3, 4장	武者錬三→ 中央行政圖書館→ 國立中央圖書館	寫眞版 22枚 임 31)
筆寫本	15	? (慶州古寫本)	零本		1670년 筆寫→ 大坂 金太郞→?	32)
	16	? (南權熙紹介本)	王曆卷1-2	王曆의 1, 2장 卷1의 7, 8장	泥山南氏→?	33)

(이 表는 '三國遺事 古本 10種의 槪觀'(高大圖書影印 제12호 「三國遺事」, 1983, p.5)
과 南權熙의 '三國遺事 刊行本 系統圖'(南權熙, 전게서, p.212) 등을 참고하여 작성한
것이다.)

---

23) 이 鮮初本은 '卷二' 一冊만이 傳存되었는데, 南權熙가 1990년 9월, 書誌學會 第
 17回 學術發表會 때 공개한 것이다. 그는 이를 소개하면서 '泥山本'으로 命名하
 였다(南權熙, 전게서, p.207).

24) 金相鉉은 이 印本 가운데 卷1의 제1장 앞면 및 뒷면·제2장 앞면·제7장의 뒷
 면·제8장의 앞면 등 모두 3장에 해당하는 부분의 복사물의 고찰을 통해서 이
 것이 鮮初本일 것으로 추정하였다(金相鉉, <三國遺事의 書誌學的考察>, 「三國遺
 事의 綜合的 考察」, 精文硏, 1987, p.52).

25) 高麗大學校 亞細亞問題硏究所에 소장되었다가 현재 六堂文庫로 移置된 一本은
 그 文字異同의 상태가 「서울」과 동일한 板本이다(金相鉉, 상게서, p.60 참조).

26) 이것은 所謂 順庵手澤本으로 알려졌던 印本이다.

27) 이는 渡邊彰이 金剛山 楡岾寺에서 찾아낸 것으로, 후반의 卷三·四·五 1책이며
 德川本·神田本과 동일한 부분에 落張이 있다(金相鉉, <三國遺事의 刊行과 流
 通>, 「韓國史硏究」38, p.19참조).

28) 이 板本은 이른바 德川本으로 알려진 것이다.

29) 學界에서는 이 印本이 神田本으로 알려졌다.

30) 이는 泥山本과 함께 南權熙가 소개한 것이다(南權熙, 전게서, p.207. 참조).

<표 1> '「三國遺事」의 傳存 狀況' 가운데 본 연구에서 연구대상으로 이용할 수 있었던 板本(筆寫本 포함)은 2. 泥山本, 5. 高大所藏筆寫本(1石南本・3鶴山本의 筆寫本), 6. 서울大本, 8. 天理大本, 9. 高大晩松文庫本, 11. 蓬左文庫本, 14. 國立中央圖書館本 등으로 鮮初本(筆寫本 포함) 3種과 壬申本 5種 都合 8種이다.

다음으로 그동안 學界에서 주목받아 왔던 「遺事」의 校正本을 열거하면 다음과 같다.

(1) 坪井九馬三・日下寬, 「三國遺事」 '東京帝國大學史誌叢書本', 1904.[34]

(2) 大日本續藏經本.[35]

(3) 大正新修大藏經本, 1927.[36]

(4) 崔南善, <三國遺事>, 「啓明」18호, 1927.[37]

(5) 今西龍, 「三國遺事」, 朝鮮史學會, 1928.[38]

(6) 崔南善, 「新訂三國遺事」, 三中堂, 1946.[39]

---

31) 國立中央圖書館本은 단지<王曆>(제1, 2, 3, 4장은 缺損됨)만이 冊子의 형태가 아닌, 축소된 사진판 22枚로 남아 있는 것이다.

32) 이 筆寫本은 大坂金太郎이 1927년 慶州에서 발견한 古寫本의 零本으로 閔周冕의 「東京雜記」가 편찬된 1670년경에 筆寫된 것이다(金相鉉, <三國遺事의 刊行과 流通>, 「韓國史硏究」38, p.19참조).

33) 이 筆寫本은 「蓬左」와 같은 壬申本의 後刷本을 底本으로 하여 필사된 것이다.

34) 東京帝國大學 文科文學에서 1904년 史誌叢書本(흔히 東大本으로 略稱됨)으로 간행한 것인데, 坪井九馬三・日下寬 兩氏가 壬申本의 後刷本인 神田本과 德川本을 底本으로 하고 여러 史籍과 高僧傳 등을 參照하여 校正한 것이다(村上四男), <三國遺事解說>, 「朝鮮學報」99・100輯, 1981, p.263 참조).

35) 이것은 「大日本續藏經」제150冊 支那撰述 史傳部에 수록된 「三國遺事」로 東大本을 정정하여 짜맞춘 것이다(이들 교정본에 대한 자세한 해제는 村上四男, <三國遺事解題>, 「三國遺事考證」上, 1975, p.17 및 金相鉉, <三國遺事의 刊行과 流通>, 「韓國史硏究」38, 1982, p.20를 참조 바람).

36) 이는 1927년에 간행된 「大正新修大藏經」제49卷 史傳部에 수록된 「三國遺事」로 大日本續藏經本과 東大本을 校合한 것이다.

37) 이는 崔南善이 이른바 順庵手澤本의 影印本과 朝鮮光文會所藏 原本 下卷(卷三・四・五)을 底本으로 하여 校勘한 것이다.

38) 今西龍이 順庵手澤本을 底本으로 하여 校正한 것이다.

39) 崔南善이 宋錫夏의 收藏本에 의거하여 <王曆>・'卷一'에 대해서 再校正하고 나머지 부분은 啓明本을 그대로 옮겨 놓은 것이다.

(7) 崔南善, 「增補三國遺事」, 民衆書館, 1954.[40]

(8) 李丙燾, 「譯註幷原文 三國遺事」, 東國文化社, 1956.[41]

(9) 今西龍, 「三國遺事」, 國書刊行會(1版), 1971.[42]

(10) 今西龍, 「三國遺事」, 國書刊行會(2版), 1973.[43]

(11) 今西龍, 「三國遺事」, 國書刊行會(3版), 1974.[44]

(12) 末松保和, 國書刊行會本(2版)의 <王曆>, 1973.[45]

(13) 李東歡, 「校勘三國遺事」 ‘韓國古典叢書1’, 民族文化推進會, 1973.[46]

(14) 三國遺事研究會(日本), 「三國遺事考證」上·中, 1975·1979.[47]

(15) 韓國佛敎全書編纂委員會編, 「韓國佛敎全書-제6책 高麗時代篇」, 東國大, 1984.[48]

(16) 三國遺事研究會(韓國), <對校三國遺事>, 「韓國傳統文化研究」1~3, 1985~1987.[49]

---

40) 이것은 「新訂三國遺事」의 再版으로 原文에 새로운 校正이 가해진 것은 아니다.

41) 이는 順庵手澤本의 影印本을 主로 하여 崔南善의 增補本과 朝鮮史學會本을 참고하여 교정한 것이다.

42) 이것은 國書刊行會에서 朝鮮史學會本을 影印하여 간행한 것이다.

43) 이는 國書刊行會本(1版)을 再影印한 것인데, <王曆>은 末松保和가 鮮初本인 宋錫夏所藏本에 의거한 校正稿로 對替하였다.

44) 國書刊行會에서 今西龍이 再校正한 朝鮮史學會本을 影印하고, 國書刊行會(2版)의 末松保和가 校正한 <王曆>을 卷末에 附錄하여 3版으로 간행한 것이다(今西龍, 「三國遺事」, 國書刊行會(3版), 1974, p.<引> 참조).

45) 앞주 참조.

46) 이것은 모든 文字에 校勘을 가해 校正한 活字本은 아니다. 서울大所藏本을 縮小影印하고 그 위에다 校勘을 해놓은 것인데, 鶴山本, 石南本의 筆寫本, 順庵手澤本 및 東大本, 朝鮮史學會本, 六堂新訂本, 斗溪譯註本, 李載浩譯註本 등을 참고한 것이다.

47) 1958년에 창립되었던 三國遺事研究會의 多年間에 걸친 공동연구의 성과를 집대성한 것으로, 上卷은<王曆> 및 ‘卷一’, 中卷은 ‘卷二’를 교감하였으며, 下卷은 아직까지 간행되지 못하였다. 이 三國遺事研究會의 창립회원은 三品彰英, 井上秀雄, 靑山秀夫, 笠井倭人, 木下禮仁, 村上四男 등이었다.

48) 이는 東國大 韓國佛敎全書編纂委員會에서 編纂한 「韓國佛敎全書-제6책 高麗時代篇」에 수록된 것인데, 이의 解題를 보면 원문의 명확을 기하기 위해 비교적 改漆 痕迹이 없는 고본을 밑본으로 장하고 古刊本 5종, 현대판 8종을 낱낱이 대조 정확한 원문복구에 최선을 다한 것이라 한다.

49) 이는 曉星女大附設 韓國傳統文化研究所의 三國遺事研究會가 王曆篇을 제외한

(17) 김용옥, 「三國遺事引得」, 통나무, 1992.[50]

이 중 고찰 대상으로 삼은 것은 (7), (8), (11), (12), (14), (16), (17) 등 7종의 교정본이다. (1), (2), (3)의 교정본은 壬申本 가운데 後刷本인 神田本·德川本 등을 底本으로 해서 校勘되었기 때문에 그 校正이 매우 未盡하고, (4), (5), (6), (9), (10)은 (7), (11)의 舊版이며, (13)은 校正 活字本이 아니라 影印本 위에 頭注 형식으로 일부만을 校勘한 것이고, (15)는 晚松文庫本을 底本으로 삼고 여타의 板本 5종 및 校正本 8종과 對照하여 校勘없이 異同事項만 註記한 것이기 때문에 연구 대상에서 제외되었다. 또한 이 외에도 國譯된 많은 譯註本[51]들이 간행되었지만 고찰 대상에서는 모두 제외시켰다.

'卷三'까지 鶴山本, 石南本의 筆寫本, 順庵手澤本, 民族文化推進會校勘本, 晚松文庫本 및 東大本, 朝鮮史學會本, 六堂新訂本, 斗溪譯註本, 李載浩譯註本 등의 판본과 활자본의 對校를 통해서 교감을 한 것이다.

50) 이는 민족문화추진회본을 저본으로 삼고 「韓國佛敎全書本-제6책 高麗時代篇」 (東國大, 1984), 「國譯三國遺事」(조선과학원, 1960), 「三國遺事考證上·中」등을 참조하여 교감한 것이다(김용옥, 「三國遺事引得」, 통나무, 1992, p.8 참조).

51) 朝鮮科學院譯註本(朝鮮科學院, 1960), 李載浩譯註本(光文出版社, 1967), 李民樹譯註本(乙酉文化社, 1975), 權相老譯解本(東西文化社, 1978) 등.

Ⅱ. 鮮初本과 壬申本의 對校

　본 연구에서 對校의 對象으로 삼은 板本은 <表1> '三國遺事'의
傳存 狀況' 가운데 鮮初本인 泥山本(「泥山」) 및 石南本·鶴山本의
筆寫本인 高大所藏筆寫本(「石筆」·「鶴筆」) 등 3種과 壬申本인 서울
大本(「서울」)·天理大本(「天理」)·晚松文庫本(「晚松」)·蓬左文庫本(「蓬
左」)·國立中央圖書館本(「武者」) 등 5種 모두 8種의 板本이다. 하지만
모두 完帙로 傳存되고 있는 것은 아니다. 이들의 傳存 狀況을 卷次
別로 살펴보면 아래의 表와 같다.

<表 2> 對校 對象本의 卷次別 傳存 狀況

卷次＼傳存本	鮮初本			壬申本					種數
	「石筆」	「泥山」	「鶴筆」	「서울」	「天理」	「晚松」	「蓬左」	「武者」	8種
王曆	○			○	○	○	○	○	6種
卷一	○			○	○	○	○		5種
卷二		○		○	○	○	○		5種
卷三·四·五			○	○	○	○	○		5種

　위의 <表 2>에 나타나듯이 對校 對象이 되는 3種의 鮮初本은 完
帙이 아닌 卷別로 각각 전존되고 있으며, 壬申本 중에서도 「武者」는
<王曆>만이 전존되고 있다. 따라서 諸 板本의 卷次別로 對校하고자

한다.

먼저 諸 板本 間의 면밀한 對校를 통해 교감의 대상이 되는 文字 異同1)을 추려 내어서 대교표를 작성한 것이 附錄 '1·2·3·4'이 다.(대교표에 기재된 文字는 原本의 影印本 및 複寫本2)에서 原形 그 대로 探字된 것이다3)). 본 대교표에는 諸 板本의 文字異同과 이에 대한 筆者와 旣存 校正本4)의 校勘까지 기재하였다.

이제부터 附錄 '1·2·3·4'의 對校表에 의거해서 「遺事」의 原文 에 대해 卷次別로 鮮初本이 壬申本으로 전승되면서 발생한 文字異同

---

1) 諸 板本의 對校를 통해 중복되는 文字異同과 無意味한 문자이동은 필요에 따라 일부만을 採錄하여 고찰 대상에서 제외시켰다.
2) 본 대교표의 校勘 對象字 探字에 이용된 影印本 및 複寫本은 다음과 같다.
   (1) 泥山本: 南權熙氏로 부터 입수한 실물 크기의 複寫本
   (2) 石南本·鶴山本의 筆寫本: 「晚松文庫本 三國遺事 附 石南本·鶴山本」 '高大 中央圖書館圖書影印 제12호'(旿晟社, 1983)
   (3) 서울大本: 「校勘三國遺事」 '韓國古典叢書'(民族文化推進會, 1973) 및 서울大 奎章閣에 備置된 실물 크기의 複寫本
   (4) 晚松文庫本: (2)와 同書
   (5) 天理大本: 「三國遺事」(圖書出版 民族文化, 1984) 〔이것은 실물 크기의 古典 刊行會本(1932년, 學東叢書 제2)를 再影印한 것이다.〕
   (6) 蓬左 文庫本: 日本 蓬左文庫本 內에 비치된 縮小 影印本
   (7) 國立中央圖書館本: 國立中央圖書館에 소장된 縮小寫眞版의 複寫本
3) 단 影印本 가운데 일부는 원래 縮小 影印되었고, 본 대교표 또한 축소되었기 때 문에 探字된 文字들이 形體는 原本과 동일하지만 본래의 크기는 아니다.
4) 대교표에 보이는 旣存 校正本의 底本은 다음과 같다.
   (1) 「육당」(崔南善 校正本): 「新訂三國遺事」(民衆書館, 1946)
   (2) 「금서」(今西龍 校正本): 「三國遺事」(朝鮮史學會, 1928) 및 「三國遺事」 〔國書 刊行 會(3版), 1974. 이것은 今西龍이 후에 교정해 놓은 朝鮮史學會本을 다 시 國書刊行會에서 영인한 것이다. 同書 末松保和의 <引>을 참조 바람〕
   (3) 「두계」(李丙燾 校正本): 「譯註幷原文 三國遺事」(東國文化社, 1956)
   (4) 「고증」('日本'三國遺事硏究會 校正本): 「三國遺事考證」上·中(高書房, 1975· 1979)
   (5) 「대교」('韓國'三國遺事硏究會 校正本): <對校三國遺事>, 「韓國傳統文化硏究」 1-3(曉星女大, 1985-87)
   (6) 「말송」(末松保和校正本): 「三國遺事」〔國書刊行會(3版), 1974(末松保和가 國 書刊行會本<2版, 1973>에서 <王曆>만을 별도로 校正한 것을 제3版에서는 卷末에다 附錄한 것이다).〕
   (7) 「도올」(김용옥 校正本): 「三國遺事引得」(통나무, 1992)

과 壬申本 間에 야기된 문자이동의 原因과 結果를 분석하고, 그 誤
謬를 校正하고자 한다.

1. 王曆篇의 對校

먼저 王曆篇의 내용을 살펴본 후, 「石筆」·「서울」·「天理」·「晩松」·
「蓬左」·「武者」 등 도합 6種의 傳存本(鮮初本인 石南本의 필사본 「
石筆」 및 壬申本)을 토대로 王曆篇을 對校하고자 한다.

1) 王曆篇의 內容

<王曆>은 年表의 일종으로 新羅始祖 赫居世王으로부터 高麗 太祖
의 再統一에 이르기까지, 三國 및 駕洛國, 그리고 後高句麗와 後百濟
등의 王曆을 中國의 歷代 王朝와 年號를 表하여 時代的 準據가 되게
圖表化한 것이다. 물론 이 <王曆> 이전에도 이와 비슷한 형식의 年
表가 있었다. 「史記」 중의 年表 및 근간에 발견된 「歷代年表」 등이
그것이다. 그러나 본 <王曆>에는 「史記」 <年表>에도 없는 駕洛國王
曆이 포함되어 있으며, 「史記」의 年表가 천여 연간 諸王의 在位期間
을 주로 기록한 것임에 비해서 「遺事」 <王曆>은 諸王의 世系, 紀年,
간략한 治績이나 역사적으로 중요한 사실 등이 수록되어 있다. 또한
<王曆>의 기록 중에는 「史記」와 다른 史料를 전해 주고 있는 것도
적지 않다. 이 때문에 <王曆>은 우리나라 古代史研究 특히 王位繼承
에 관한 연구의 중요한 史料로 이용되고 있다.5)

2) 傳存本의 對校를 통한 校勘

이제 附錄 1. '王曆篇의 文字異同과 旣存 校正本의 校勘 狀況'의 對校表에 의거하여 王曆篇에 대한 諸 板本 間의 文字異同의 原因과 經緯를 분석하고, 그 誤謬를 校正하면 아래와 같다.6)

1. 1前, 4, 14右;7) 「'侏'娥伊英:8) 「天理」(天理大所藏本)의 '侏'字는 '侏'字에다 加筆을 하여 異常한 字가 된 것이다. '侏'字는 字典에도 없는 字로 誤字가 틀림없는데, 字形으로 보아서는 '妹'字에 근사하고,9) 意味上으로는 '妃'字에 가깝다.10) 아마도 原刊本의 '妹' 혹은 '妃'字가 鮮初本에 와서 '侏'字로 전승되고, 壬申本에서도 그대로 수

---

5) 金相鉉, <三國遺事 王曆篇 檢討>, 전게서, p.221.
6) 文字異同의 원인과 경위를 분석하여 校勘하고, 문자이동의 類型을 나누는데 다음과 같은 용어가 사용되었다.
　○字: 文字(글자를 의미함)
　○原字: 板本에 板刻되어 있는 字
　○壞字: 原字가 板木의 磨滅 등으로 인해 原字의 原形을 잃은 字
　○完字: 完全한 字
　○正字: 原刊本에 기재되어 있는 바른 字
　○誤字: 原刊本의 字와 다르게 틀린 字
　○闕字: 原刊本에 기재되었다가 後에 闕失된 字
　○衍字: 原刊本에 없던 字로 後에 衍加되어 板刻된 字
　○補字: 闕字가 後에 補入된 字
　○俗字: 正字의 異體字
　○異字: 同意異字
　○異常字: 正字가 誤刻・誤寫로 인해 이상하게 변형된 字
　○加筆: 板本에 板刻되지 않고 後에 加筆된 字
　○加筆劃字: 壞字・原字 등에 劃이 加筆된 字
　○連字: 上下의 字 2個字가 重疊되어 1個字로 합쳐진 字
　○錯綜: 誤寫로 인해 다른 위치에 移置된 字이거나 그 內容
7) 「遺事」가운데 本章에서 고찰하는 王曆篇의 校勘 對象字의 張・行・字數로서 「遺事」의 板本(鮮初本과 壬申本은 동일한 體制임)의 王曆篇에서의 位置이다.
8) 이 例文은 筆者의 편의에 따라 부분적으로 인용한 것이고, ' '의 字는 筆者가 校勘한 字이다.
9) 「考證」에서는 意味上 '妹'字는 될 수 없고, 字形은 '妹'字와 같다고 하였다.
10) 李丙燾는 「妃?」로 교정하였다.

用된 것이다.

2. 1前, 5, 14右;「或鷄林'一'說」:「石筆」(石南本의 筆寫本)의 '一'字가 壬申本에 와서 闕字가 되었고,「天理」에서는 闕字에다 加筆을 하여 '之'字를 妄加했다.[11]

3. 1前, 5, 6左;「'至'脫解王 時」: 對校表上의 '重'字는 '至'字의 誤字로서「天理」에서는 加筆을 하여 正字인 '至'字로 만들었다.

4. 1前, 5, 11左;「'始'置鷄林之號」:「石筆」의 '姑'字는 '始'字의 誤字로서, 鮮初本의 誤字가 壬申本에서 正字가 된 것이다.

5. 1前, 10, 7右·3左;「甲申立理'十八'」:「天理」의 '十九'는 加筆이고, 鮮初本의 '十八'이 壬申本에서는 板木의 완결로 인해 壞字인 '?八'로 되었다.

6. 1前, 10, 7左;「姓高名'朱蒙'」: 鮮初本의 '朱戌'은 '朱蒙'의 壞字이고, 壬申本에서는 다시 '年来'로 誤字가 되었다. 이를「天理」에서는 加筆을 해서 '朱来'로 만들었다.

7. 1後, 6, 15右;「東明王第三子'一云'第二」: 鮮初本·壬申本의 '王'는 '一云'이 重疊되어 連字이자 誤字로 된 것이다.

8. 1後, 7, 8右;「都'慰'禮城」: 鮮初本·壬申本에서 모두 闕字가 된 '慰'字를「天理」에서는 加筆하여 넣었다.

9. 1後, 7, 10左;「今'稷'山」: 鮮初本의 '杜'字가 壬申本에서도 그대로 因襲된 것인데,「天理」에서는 加筆하여 '稷'字로 訂正했다.[12] 이 '杜'字는 原刊本에서의 '稷'字인데 壞字로 인하여 鮮初本에서 '杜'字로 誤字가 된 것이 아닌가 한다.

10. 2前, 1, 10-12;「次'次雄'」: 鮮初本에서의 '次雄'이「서울」에서

11)「考證」과 今西龍은 이 加筆字인 '之'字를 正字로 인식했다.

12) 高大所藏筆寫本의 頭註에는 "杜正德本作稷"(여기에서 말한 '正德本'은 天理大所藏本을 의미한 듯 하다)이라 하여, '稷'字가 加筆字임을 식별하지 못하고 原字로 인식하였고, 金相鉉도 이를 原字로 보았지만 (金相鉉, <三國遺事의 書誌學的 考察>, 전게서, p.59), 세심하게 관찰하면 '稷'字가 '杜'의 加筆字임을 알 수 있다.

는 '雄'字만이 缺劃을 보이고 있을 뿐이고, 「晚松」에서는 '雄'字와 '次'字까지도 완결되었다.13) 반면에 「天理」에서는 加筆을 하여 完字로 만들어 놓았다.

11. 2前, 3, 6右; 「此'王'位亦云居西干」: 鮮初本에서 字形의 유사함으로 인하여 생긴 誤字 '壬'字가 壬申本에서 '王'으로 正字가 된 것이다.

12. 2前, 8, 17左; 「理二'十'六年」: 壬申本에서의 壞字이다.

13. 2前, 11, 4-6右; 「姓解'氏大虎'之子」: 鮮初本인 「石筆」에서의 壞字이다.

14. 2後, 7, 9右; 「王崩水葬'末召'疏井丘中」: 鮮初本의 '末召'가 壬申本에서는 '末□'가 되어 鮮初本의 '召'字가 闕字가 된 것이다.14)

15. 2後, 7, 11, 左; 「今東'岳'大王」: 鮮初本의 '岳'이 壬申本에서는 壞字가 되었는데, 「天理」에서는 이를 加筆하여 '岳'으로 만든다는 것이 '西'字처럼 된 것이다.15)

16. 2後, 9, 13左; 「庚辰立理'三'十年」: 鮮初本의 '三'字가 壬申本에서 闕字가 된 것이다.16)

17. 3前, 7, 14右·5左; 「父婆'娑(王)'」: 鮮初本의 '娑□'이 壬申本에서 '娑□'로 變形된 誤字이다. 「天理」에서는 '王'字를 加筆하여 넣었다.17)

---

13) 이로 미루어 보면, 「서울」이 같은 壬申本이지만 「晚松」보다 먼저 印出되었을 것으로 생각된다.

14) 崔南善 李丙燾는 이 '末召'를 '末召'로, 「考證」은 '末□'로, 今西龍은 '末□'로 교정하였으며, 末松만이 鮮初本대로 '末召'로 교정하였으며, 김용옥은 '末(末)<召>'로 교정하였다.

15) 「石筆」의 頭註에서는 "岳正德本作西"라 하여 壬申本에는 '西'로 되어 있는 것으로 인식하였다.

16) 今西龍은 이 闕字를 무시하고 '理十年'으로 교정하였다.

17) 崔南善은 '娑□'를 '娑(王)'으로, 李丙燾·今西龍·「考證」은 '娑王'으로 교정하였고, 末松은 闕字를 무시하고 '娑'로 교정하였으며, 김용옥은 '要王'으로 교정하였다.

18. 3前, 8, 9右; 「□禮‘夫’人」: 鮮初本의 ‘夫’字가 壬申本에서 ‘文’字로 誤字가 되었다. 「天理」에서는 加筆하여 正字인 ‘文’으로 만들어 놓은 것이다.18) 그리고 ‘□禮夫人’의 ‘□’는 鮮初本‧壬申本에서 모두 闕字이다.

19. 3前, 9, 10右; 「是王代滅音‘質’國」: 鮮初本의 ‘汁只’가 壬申本에서 ‘質’字로 바뀐 것이다.19)

20. 3前, 10, 6右; 「今‘(梁)’山」: 鮮初本의 闕字가 壬申本에서도 踏襲된 것인데, 「天理」에서는 加筆하여 ‘[梁]’字로 만들어 놓았다.20)

21. 3後, 2, 17左; 「理三十‘八’年」: 壬申本에서의 板木의 완결로 인한 壞字인데, 「晩松」‧「蓬左」는 缺劃의 상태가 비슷하면서 「서울」보다는 훨씬 심하다.21)

22. 3後, 3, 7左; 「‘(祇)’磨王之女」: 鮮初本‧壬申本 모두의 闕字이다.22) 「天理」에서는 加筆하여 ‘祇’字를 넣었다.

23. 3後, 3, 13左; 「母‘伊’刊生夫人」: 鮮初本의 ‘伊’字가 壬申本에서 板木의 완결로 인한 壞字가 되어 缺劃을 보이고 있는데, 「天理」에서는 加筆을 하여 完字로 만들어 놓았다.

24. 3後, 11, 5右; 「理＋九‘年’」: 鮮初本의 ‘年’字가 壬申本에서 闕字가 되었고, 「天理」에서 加筆하여 넣은 것이다.

25. 4前, 1, 1; 「‘和’平庚寅」: ‘和’字가 壬申本에서 「서울」만이 缺劃이 없는 完字임에 반하여 나머지는 모두 缺劃이 나타나는 壞字이다.23)

---

18) 「天理」의 ‘夫’는 ‘文’字에다 加筆한 것이 아니라, ‘文’字을 刪削하고 그 위에다 加筆한 것으로 보인다. 金相鉉은 「天理」의 ‘夫’字를 加筆字가 아닌 原字로 인식하였다(金相鉉, 전게서, p.60).

19) 末松만은 鮮初本에 근거하여 ‘汁只’로 교정하였다.

20) 崔南善‧김용옥은 이를 ‘(梁)’으로 李丙燾는 ‘(慶)’으로 교정했으며, 「考證」과 末松은 ‘□’으로, 今西龍 은 空欄으로 남겨두어 闕字로 처리하였다.

21) 「蓬左」도 「서울」보다 후에 印出되었음을 알 수 있다. 앞주 13) 참조.

22) 崔南善‧김용옥만이 ‘(祇)’로, 나머지는 모두 ‘祇’로 교정하였다.

23) 이로 보면 「서울」이 壬申本 가운데 가장 먼저 印出되었을 것으로 짐작된다. 앞주 21) 참조.

26. 4前, 4, 5-11; 「……」: 「天理」에서 加筆된 것이다.24)

27. 4前, 4, 19左; 「兄弟二王俱見'弑'于新王」: 壬申本의 壞字인데, 「天理」에서는 加筆하여 完字로 만들었다.

28. 4前, 5, 15左·6, 10右; 「名'(伯固)'一作伯句」: 鮮初本의 闕字를 壬申本이 踏襲한 것인데, 「天理」에서는 '伯固'를 加筆하여 넣었다.25)

29. 4前, 11, 15左; 「己'(未)'立」: 鮮初本의 闕字를 壬申本이 踏襲한 것으로, 「天理」에서는 '未'字를 加筆하여 넣었다.26)

30. 4前, 11, 1; 「中'平'甲子」: 鮮初本의 壞字이다.

31. 4後, 1, 6-10左右; 「……」 「天理」에서 加筆된 것이다.

32. 4後, 1, 12左; 「國川'亦'曰國壞」: 壬申本의 壞字인데, 「天理」에서는 加筆하여 完字로 만들었다.

33. 4後, 5, 7; 「第十七奈'(解)'尼叱今」: 鮮初本·壬申本 모두의 闕字인데, 「天理」에서는 '解'字를 加筆하였다.27)

34. 4後, 5, 13-15; 「第十'(山上王)'」: 鮮初本·壬申本의 闕字인데, 「天理」와 「서울」에서는 '山上王'을 加筆하여 넣었다.28)

35. 4後, 6, 5-15; 「……」: 「天理」에서 加筆된 것.

36. 4後, 6, 16-25; 「……」: 「天理」에서 加筆된 것.

37. 4後, 6, 31右; 「一作貴須'(肖古王)'之子」: 鮮初本·壬申本의 闕字인데, 이들 板本에는 모두 서너 字가 記入될 수 있는 공간이 있다. 「天理」에서는 '肖古'를 加筆하였다.29)

---

24) 「天理」에서 이러한 형태로 加筆된 것으로서, 加筆이 확실시 되는 것은 본 對校表에서 推線하지 않았다.
25) 崔南善·李丙燾·「考證」·김용옥은 '(伯固)'로, 今西龍·末松은 '伯固'로 교정하였다.
26) 崔南善·李丙燾·「考證」·김용옥은 '(未)'로, 今西龍·末松은 '未'로 교정하였다.
27) 모든 校正本이 諸 板本의 '解'字가 闕字이고, 「天理」의 '解'字는 加筆字임을 留意한 듯 '(解)'로 교정했다.
28) 崔南善·李丙燾·末松은 '(山上王)'으로, 「考證」·今西龍·김용옥은 '山上王'으로 교정했다.
29) 崔南善·李丙燾·김용옥은 '(肖古王)'으로, 「考證」은 '(肖古)'로, 末松은 '□□'

38. 4後, 8, 6左;「第十一助‘(賁)’尼叱今」: 鮮初本・壬申本의 闕字를「天理」・「서울」에서는 ‘賁’을 加筆하여 넣었다.

39. 4後, 9, 5-13;「……」:「天理」와「서울」에서 加筆된 것.

40. 4後, 10, 13-21;「……」:「天理」에서 加筆된 것.

41. 4後, 11, 6;「第七沙泮王一作沙‘□’□」: 鮮初本・壬申本의 闕字를「서울」에서 ‘夷’字를 加筆하였다.

42. 5前, 3, 7右・10右;「一作‘詀’解王‘昔’氏」: 壬申本의 壞字인데,「天理」에서는 그 옆에다 ‘沾’을 加筆하였고, ‘昔’字에 加筆하여 完字로 만들었다.「서울」만이 完字를 보여주고 있으며,「蓬左」와「武者」는 심한 缺劃을 드러내고 있다.[30]

43. 5前, 3, 14. 19;「……」:「天理」에서 加筆된 내용이다.

44. 5前, 4, 4;「高貴鄕‘(公)’」: 鮮初本・壬申本의 闕字를「天理」에서는 ‘公’을 加筆하였다.[31]

45. 5前, 11, 8-9左;「‘壬午’立理二十五年」: 鮮初本의 ‘壬午’가 壬申本에서는 壞字가 되어 식별할 수 없는 字로 변형되었고,「天理」에서는 그 옆에다 ‘壬午’를 加筆하여 놓았다.

46. 5前, 11, 17右・16左;「名藥‘盧’又若‘友’」: 壬申本의 壞字인 ‘盧’를「天理」에서는 加筆하여 完字로 만들었으며; 鮮初本의 誤字인 ‘反’을 壬申本에서 踏襲한 것으로「天理」에서는 加筆하여 正字인 ‘友’字로 만들어 놓았다.

「史記」 <高句麗本紀>에는 “西川王<或云西壞>諱藥盧<一云藥友>”

으로 교정했으며, 今西龍 은 空欄을 남겨 두었다.

30) 역시「서울」이「天理」・「晩松」・「蓬左」보다 먼저 印出되었음을 보여주고 다음으로「晩松」이「蓬左」・「武者」보다 먼저 印出되었음을 짐작케 한다. 여기에서「天理」는 加筆로 인해서 완겨로 인한 缺劃의 정도를 알 수 없지만, 앞 25項의 ‘和’字의 缺劃 狀態를 보면「晩松」과 비슷한 시기에 印出된 것을 추측할 수 있다. 앞 주 23) 참조.

31) 崔南善・李丙燾・김용옥은 ‘(公)’,「考證」은 ‘公’으로 교정하였으며, 今西龍과 末松은 없는 字로 처리하였다.

라고 하였으니 諸 板本의 '反'은 '友'의 誤字가 틀림없다.

47. 5前, 11, 20-21右; 「母泉府卿申輔之女'慕'貞夫人」: 鮮初本의 '慕'字가 壬申本에서는 '言今' 2字로 변형되어 誤字가 되었다.32)

48. 5後, 1, 14左; 「庚寅立理二'十'年」: 壬申本 가운데 「武者」만이 板木의 완결로 인한 壞字가 되어 缺劃을 보여주고 있다.33)

49. 5後, 2, 13-25; 「……」: 鮮初本·壬申本 모두가 高句麗記事欄에 있어야 할 "第四十烽上王……"의 내용이 百濟記事欄에 잘못 기재되어 있다. 鮮初本에서 錯綜된 것이 壬申本에도 그대로 因襲된 것이다. 「天理」에서는 百濟記事欄에 잘못 기재된 것에 줄을 그어 놓고 高句麗記事欄에 加筆하여 놓았다.

50. 5後, 3, 11右; 「一云雉'葛王'」: 原刊本에서의 '葛王'이 鮮初本에서 '菖王'으로 변형되어 誤字가 되었고, 다시 壬申本에서는 '菖'字의 '日'이 아래의 '王'字 위로 붙어 '苗皇'으로 바뀌었다. 「天理」에서는 그 옆에다 正字인 '葛'을 加筆하고 있다.34)

「史記」<高句麗本紀>에는 "烽上王<一云雉葛>諱相夫"라 하였으니 '葛王'이 正字임이 분명하다.

51. 5後, 5, 27右; 「一作'今'勿」: 壬申本의 板木의 완결로 인한 壞字인데, 「天理」에서는 加筆하여 正字로 만들었다.

52. 5後, 5, 29右; 「'父'麻品母好仇」: 鮮初本에서의 誤字인 '文'字가 壬申本에서 正字인 '父'로 정정된 것이다.

53. 5後, 7, 7右; 「丁卯年'定'國號曰新羅」: 鮮初本의 '定'이 壬申本

---

32) 「考證」에서는 이를 '言□□'로 교정했으나, 그의 譯文에서는 "'慕貞'夫人"으로 해석하였다.

33) 諸 板本 가운데 「武者」가 가장 후에 印出되었음을 알 수 있다. 앞주 30) 참조.

34) 「考證」에서는 "菖과 葛은 音도 通하지 않고, 字形의 유사함으로 생긴 혼란으로도 볼 수 없기 때문에 다른 系統의 史料로 해둔다"(「考證」p.118)하여 鮮初本의 '菖'을 誤字가 아닌 正字로 인식하여 '菖(葛)'으로 교정을 해놓고 '王'字는 빼버렸다. 그러나 '菖'과 '葛'은 字形이 유사하여, '菖'은 '葛'字가 書寫혹은 板刻되는 과정에서 書寫者나 刻手에 의해서 惹起된 誤字가 분명하다고 생각된다.

에서는 완결로 인해서 壞字가 되어 '是'字가 缺劃이 된 듯한 字로 변형되었고, 「天理」에서는 그 옆에다 '改'字를 加筆하여 놓았다.35)

54. 5後, 7, 18左; 「沙泮之弟'也'」: '也'字가 壬申本에서 缺劃이 되어 壞字가 된 것인데, 오직 「서울」만은 完字를 유지하고 있다.36)

55. 5後, 8, 8右; 「羅者網羅四方之'民'云」: 鮮初本의 '民'이 壬申本에서 '氏'로 誤字가 된 것인데, 「天理」에서는 加筆하여 正字로 만들었다.37)

56. 5後, 8, 13右; 「甲子立治'四'十年」: 壬申本에서 '四'字의 缺劃인데, 「서울」만은 完字이고, 나머지는 板木의 완결로 인해서 壞字가 되었다. 「天理」에서는 加筆하여 完字로 만든 듯 하다.38)

57. 6前, 9, 5左; 「水'(田)'一萬四千七十(□)」: 鮮初本과 壬申本에 모두 '日'字로 되어 있는 것이 '田'의 誤字인지,39) 아닌지는40) 아직 상고하지 못했다. 다만 壬申本의 '日'字의 모양새가 '日'字라기보다는 '田'에서 缺劃된 壞字가 '日'字와 비슷하게 板刻된 듯한 느낌을 갖게 한다.

58. 6後, 1. 1; 「'穆'宗永和乙巳十二」: 鮮初本의 '穆'字가 壬申本에서 闕字가 되었고, 「天理」에서는 '孝'字를 加筆하여 넣었다. 鮮初本의 '穆'字가 옳다.41)

永和는 東晉 穆宗(穆帝: 345-361)의 年號이고 乙巳는 그 元年이며, 孝宗(孝武帝: 373-395)의 年號는 寧康이며 元年은 癸酉이다.

---

35) 「考證」에서는 '是(改)'로, 今西龍은 '是'로 교정하여 誤校를 범했다.
36) 역시 「서울」이 壬申本의 諸 板本 가운데 가장 먼저 印出된 印本임을 확인 할 수 있다. 앞주 34) 참조.
37) 「考證」에서만은 '氏'字로 판독하였으나, 그의 譯文에서는 '民'으로 해석하였다.
38) 앞주 36) 참조.
39) 崔南善・李丙燾・김용옥은 '日'을 '田'字의 誤字로 인식하고 '田'으로 교정하였다.
40) 「考證」・今西龍・末松은 '日'字를 正字로 처리하였다.
41) 崔南善・末松・김용옥은 「天理」의 加筆字에 迷惑되어 '(孝)'로, 李丙燾・今西龍・「考證」은 '孝'로 교정을 하여 誤校를 범했다.

59. 6後, 4, 4-5; 「奈勿……父仇道葛文王一作未召王之弟‘(□□)’角干」: 鮮初本・壬申本 모두 闕字인 것을 「天理」에서는 ‘末仇’를 加筆하였다.

「史記」 <新羅本紀>에는 “奈勿……仇道葛文王之孫也父末仇角干”이라 하였다.[42]

60. 6後, 4, 9. 10右・3-4左; 「奈勿……母‘(休禮夫人)’金氏」: 鮮初本・壬申本 모두의 闕字이다. 「天理」에서는 ‘休禮夫人’을 加筆하였다.[43]

「史記」 <新羅本紀>에는 “奈勿……母金氏休禮夫人”이라 하였다.

61. 6後, 10, 5右; 「名丘夫辛未‘立’」: 壬申本 「蓬左」와 「武者」에서의 板木의 완결로 인한 壞字이다.[44]

62. 7前, 3, 10-13左; 「……」: 「天理」의 加筆이다.

63 7前, 6, 13右; 「‘一作’實主王又寶金」: 鮮初本과 壬申本의 ‘一作’이 「天理」에서만은 ‘一’字가 없어지고, ‘作’字 위에 諸 板本에는 없던 가로 界線이 加筆되어 있다. 「天理」에서 ‘一’字가 없어진 것은 혹 加筆者에 의해서 刪削된 것이 아닌가 한다. 아마도 「天理」의 加筆者는 64項에서 언급할 衍字인 ‘又’로 인해서 文脈이 안 통하자(“‘一’作實主王又寶金‘又’父未鄒王弟大西知角干”) ‘一’字를 없애고 衍字인 ‘又’字를 위로 붙여서 “又作實主王又寶金父未鄒王弟大西知角干”으로 이해한 것으로 생각된다.[45](원래 諸 板本에는 이 내용이 다음과 같

---

42) 鮮初本・壬申本에서 闕字가 된 것을 末松만이 闕字 그대로 ‘□□’으로 처리하였고, 나머지는 모두 ‘(未仇)’로 교정하였다(아마도 이는 ‘末仇’의 誤校인 듯 하다). 「遺事」에서는 奈勿王의 父를 仇道葛文王이라 하였으나, 「史記」에서는 仇道葛文王을 祖라 하고 末仇角干을 父라고 하여 내용상에 차이가 있는데도 ‘(未仇)’로 교정하는 것은 억측이 아닌가 한다.

43) 이 闕字에 대해서 崔南善・李丙燾・김용옥은 ‘(休禮夫人)’으로, 나머지는 ‘休禮夫人’으로 교정하였다.

44) 「蓬左」와 「武者」가 諸 板本 가운데 가장 늦게 印出되었음을 확인할 수 있다. 앞 주 36) 참조.

45) 「考證」에서도 ‘作’을 「天理」에서 나타난 ‘作’으로 인식하고, 衍字인 ‘又’字를 原字로 이해한 듯, “(又)作實主王又寶金夫未鄒王弟大西知角干”으로 校勘하였다(「考證」, p.142). 이는 「考證」의 誤校로 생각된다. 나머지는 모두 崔南善과 같이 “一

이 細註雙行으로 된 것이다.)

"'一'作實主王又寶金
'又'父未鄒王弟大西知角干"

64. 7前, 6, 13-14左; 「' ' '父'未鄒王弟大西知角干」: 鮮初本의 誤
字인 '文'字가 壬申本에 그대로 因襲되고 壬申本에는 衍字인 '又'字
가 衍加되었다.("'又文'未鄒王弟大西知角干") 「天理」에서는 '文'字에
加筆하여 正字인 '父'字로 만들어 놓은 것이다.46)

65. 7前, 7, 4右; "'(母)'禮生夫人昔氏」: 鮮初本·壬申本 모두의 闕
字인데, 「天理」에서는 '母'字를 加筆하여 놓았다.47)

66. 7前, 9, 8右; 「'父'奈勿王」: 鮮初本의 誤字인 '文'을 壬申本에
서 踏襲한 것인데, 「天理」에서는 加筆하여 正字인 '父'字로 만든다는
것이 '女'字와 비슷한 字가 된 것이다.

67. 7前, 9, 16右; 「第二十長壽王名臣'(連)'癸丑立」: 鮮初本·壬申
本 모두의 闕字인데, 「天理」에서는 '璉'을 加筆하여 놓았다.
「史記」<高句麗本紀>에는 "長壽王諱巨連<一作璉>"이라 하였다.48)

68. 7前, 10, 8右; 「……」: 「天理」에서 加筆된 것이다.

69. 7前, 2, 8; 「第'十'八國壞王」: 「天理」에서만 缺劃이 되어 壞字
가 되었다.49)

作實主王又寶金父未鄒王弟大西知角干"으로 校勘하여 「天理」에서는 '一'字가 脫
字가 된 것으로 보았고, 諸 板本의 '又'字는 衍字로 인식하였다. 단, 김용옥은
이 衍字인 '又'字를 '王'의 誤字로 인식하여 '又(王)'으로 교정하였다.
46) 앞주 44) 참조.
47) 末松만은 '□'로 校勘하여 空欄인 闕字로 처리했다.
48) 「史記」에는 '巨連'으로 되었고, 「遺事」에는 '臣□'으로 되어 있는바, '巨'와 '臣'
   은 字形의 유사함으로 인한 誤寫 또는 誤刻으로 생긴 異字(誤字?)인데, 이러한
   類의 고찰은 後稿를 기다리고자 한다.
49) 이로 보면 「天理」가 가장 늦게 印出된 板本이 아닐까 하는 생각도 되지만 諸
   板本의 전체적인 시점에서 보면 그렇지는 않다. 引出된 先後는 「서울」→「天理」
   →「晚松」→「蓬左」→「武者」의 순서가 된다(앞주 33·44)과 후주 75) 참조. 이는

70. 7후, 9, 1; 「'大'宗」: 鮮初本·壬申本에서 모두 '大'字로 된 것을 「天理」에서는 加筆하여 '太'로 만들었다.50) 비록 '大'字가 여기에서는 의미상 '太'로 되어야 하지만, '大'字 역시 의미에 따라서 '太'로 발음하기 때문에 '太'로 加筆하여 고친 것은 잘못된 것이 아닌가 한다.

71. 7後, 9, 9左; 「第二十慈悲麻立干……妃巴胡葛文王女一作'未'叱希角干」: 鮮初本의 '末'字가 壬申本에서 板木의 완결로 인해서 缺劃이 된 것이다.

「史記」<新羅本紀> '慈悲麻立干'條에는 "王納舒弗邯'未'斯欣女爲妃"라 한바, 鮮初本의 '末'字는 '未'의 誤字가 아닌가 한다.51)

72. 7後, 9, 21左; 「'乙'未立治二十年」: 壬申本에서 板木의 완결로 인한 誤字인데, 「天理」에서는 加筆하여 正字로 만들었다. (혹 壬申本의 'ㄴ'字는 '乙'字의 俗字가 아닌가 한다.)

73. 7後, 11, 13左; 「來圍梁州'二'城」: 鮮初本의 '二'字가 壬申本에서 闕字로 된 것이다.52)

74. 8前, 3, 8右; 「第二十二文周王一作文'州'盖鹵子」: 鮮初本의 '州'字가 壬申本에서는 壞字가 되어 '明'字와 비슷한 誤字가 되었다.53)

「史記」<百濟本紀>에는 "文周王<或作汶洲>蓋鹵之子也"라 했다.

75. 8前, 5, 2; 「齊'大'祖」: 鮮初本·壬申本 모두 '大'字로 되어 있

아마도 板木의 완결로 인한 壞字라기보다는, 이 부분만이 墨이 제대로 묻지 않은 채 흐리게 印出된 결과일 것으로 생각된다.

50) 崔南善을 제외한 모두가 '太'로 교감하였다. 의미상으로는 바른 교정이라 할 수 있겠지만, 校勘學의 입장에서는 誤校가 아닌가 한다. 즉 鮮初本과 壬申本에 모두 '大'字로 되었고 原刊本에도 '大'字로 되어 있을 것이 틀림없기 때문이다.

51) 崔南善·李丙燾·今西龍은 '未'로, 「考證」은 '冏'로, 末松은 '□'로, 김용옥은 '<未>'로 교정하였다.

52) 崔南善·末松만이 鮮初本대로 '二城'으로 교감했고, 김용옥은 '<二>城'으로 교감했으며, 나머지는 壬申本대로 '城'으로 교감했다.

53) 崔南善·李丙燾·末松은 鮮初本대로 '州'로 교정하였고, 今西龍은 '明'으로 교감하였으며, 「考證」·김용옥은 '明'을 原字로 인식한 듯 '明(州)'으로 교정하였다.

는 것을 「天理」에서는 加筆하여 '太'로 만들었다.54)(앞의 70項과 같
은 용례이다.)

76. 8前, 8, 3. 10; 「……」: 「天理」에서 加筆된 것이다.

77. 8前, 9, 9右; 「第二十一文咨明王名理好又'个'云」: 鮮初本·壬申
本에서 '羅'字의 俗字인 '个'字로 되어 있는 것을 「天理」에서는 加筆
하여 또 다른 俗字인 '罘'字로 만들었다. 이는 加筆者가 俗字인 '个'
字가 '羅'의 俗字인데도 誤字로 인식한 듯, 보다 흔히 사용되는 俗字
인 '罘'字로 加筆한 것이다.55)

「史記」<高句麗本紀>에는 "文咨明王 <一云明治好王> 諱羅云"이라
하였다.

78. 8後, 1, 9右; 「第二十二智訂麻立干一作智哲'老'又智度路王」: 鮮
初本의 '老'字가 壬申本에서는 字形의 유사함을 인한 誤字인 '名'字
가 된 것이다.56)

「史記」<新羅本紀>에는 "智證麻立干立姓金氏諱智大路 <或云智度
路又云智哲'老'>"라 하였고, 「遺事」卷一, '智哲老王'條에도 "第二十
二哲'老'王姓金氏名智大路又智度路"라 하였다.

79. 8後, 2, 10右; 「妃迎帝夫人'儉'攬代漢只登許」: 鮮初本에서 '儉'
의 俗字인 '㑒'字57)가 壬申本에서는 壞字가 되어 '於'字와 비슷하게
되었다. 「天理」에서는 加筆하여 완전한 '於'字로 만들어 誤字가 되었
다.58) 한편 '儉攬代'는 未詳으로, '漢只'는 新羅 6部의 하나인 '漢岐

---

54) 李丙燾·「考證」·김용옥은 「太」로 교정하였다. 이 역시 誤校로 생각된다. 앞주
    50)참조.
55) 崔南善은 '个'로, 李丙燾는 '羅'로, 「考證」은 '罘'로, 末松과 今西龍은 '罘'로 김
    용옥은 '个(羅)'로 교정하였다. 校勘學의 眼目에서는 崔南善의 교정이 가장 잘된
    것이라 할 수 있겠다.
56) 崔南善·李丙燾·今西龍은 '(老)'로, 末松은 '老'로, 「考證」·김용옥은 '名(老)'로
    교정하였다.
57) '㑒'字는 「遺事」卷2, 11前, 9行, 8字인 '駼'字가 내용상 '驗'字의 속자임이 분
    명한 바 '㑒'字는 '儉'字의 俗字임이 확실하다.

部'로, '登許'는 「史記」 <新羅本紀>에 보이는 「'登欣' 伊湌」으로 인식되고 있다.59) 本 對校表에 나타난 壞字의 缺劃 상태를 보면 「서울」이 「晚松」보다 심하게 보이지만, 이는 「서울」이 이 부분에 있어서 板本의 紙面이 닳아서 그렇게 된 것이다.(筆者는 「서울」을 직접 實査하지는 못했지만, 서울大(奎章閣)에 所藏된 실물 크기의 복사본에는 흐릿하게나마 「晚松」과 비슷한 字形을 유지하고 있음을 확인할 수가 있다).60)

80. 8後, 2, 17右; 「'一'作□□角干之女」(79項에서 이어지는 문장임): 鮮初本의 '一'字가 壬申本에서 闕字가 된 것이다. 그리고 '□□'은 鮮初本・壬申本 모두 空欄으로 되어 있는 闕字이다. 한편 '一作□□'는 이것이 細註로, 혹은 本文으로, 衍字로써 교감되었다.61)

81. 8後, 2, 24; 「第二十五虎寧'王'」: '王'字가 鮮初本인 「筆石」에서 缺劃으로 인해서 誤字인 '三'字로 된 것이다.

82. 8後, 4, 9左; 「隆乃寶藏王之太子詳見唐'史'」: 鮮初本의 '史'字가 壬申本에서는 字形의 유사함을 인해서 생긴 誤字 '吏'字로 되었다.

83. 8後, 5, 14-16; 「'冊'府'元"龜云姓寡」: 鮮初本의 '冊'・'元'字가 冊板의 완결로 인해서 壞字가 되어 壬申本에서는 誤字인 '明'・'山'으로 되었는데, 「天理」에서는 加筆하여 正字로 만들었다.

84. 8後, 7, 11-12; 「第二十三法興王……妃'巴刀'夫人」: 鮮初本의 '巴刀'가 壬申本에 서는 底本의 壞字로 인해서 誤字인 '曰丑'이 되었다.62)

---

58) 崔南善・李丙燾・김용옥은 '儉'으로 교정하였고, 「考證」・末松・今西龍은 「天理」의 加筆된 誤字를 踏襲하여 '於'字로 교감하였는데 이 역시 誤校이다.
59) 「考證」, p.176 참조.
60) 앞주 49) 참조.
61) 崔南善・李丙燾는 「一作□□」, 今西龍은 「作」로 교감하여 細註로 처리하였다. 「考證」에서는 '作□角干之女'로 하여 闕字인 '一'字는 원래 없는 字로 인식하고 '□□'의 闕字는 '□'로 식별하여 이를 本文으로 이해하였다. 김용옥은 '<一>作 □□'으로 교감하고 역시 本文으로 처리하였다. 그러나 「石筆」에서의 '一作'은 細註의 형태인 가로 雙行字로 되어 있기 때문에 本文으로 볼 수는 없다. 또한 末松은 '一作□□'을 衍字로 생각한 듯 아예 삭제해버렸다.
62) 「考證」에서는 壬申本을 따라 '曰丑'으로 교감하였다.

「史記」 <新羅本紀> '法興王'條에는 "妃朴氏保刀夫人"이라는 기사가 보인다.

85. 8後, 8, 24右; 「第二十三安原王'辛'亥立理十四年」: 鮮初本의 '辛'字가 壬申本에서는 誤字인 '癸'字로 되었는데, 「天理」에서는 그 옆에다 '辛'字를 加筆하여 넣었다.63)

「史記」 <年表>에는 安原王이 梁中大通三年辛亥(531)에 즉위한 것으로 되어 있다.

86. 8後, 8, 11左; 「始行十'齊'日禁殺」: 鮮初本의 '**齊**'字('齋'와 通用字인 '齊'의 俗字)가 壬申本에서 底本의 壞字로 인해, 字形의 유사함으로 인한 誤字인 '行'字로 되었다.64)

87. 8後, 8, 25左; 「第十九仇衝王……理十'二'年」: 鮮初本의 誤字인 '三'字가 壬申本 에서 正字인 '二'字로 되어, 鮮初本에서의 '十三'이 壬申本에서 '十二'로 된 것이다. (혹은 壬申本에서 鮮初本과 같이 '十三'으로 된 것인데 下劃이 결획되어 '十二'로 되었을 가능성도 있다 하겠다.)

「遺事」 <王曆>에는 仇衝王이 辛丑(521)에 즉위하여 中大通四年壬子(532)에 新羅에 항복했다고 한바, 仇衝王의 治世는 當年稱元法으로 계산하여 12년이 되는 셈이다. <王曆>에서는 일반적으로 翌年稱元法을 사용하였는데,65) 이를 적용시켜 계산하면 11년이 된다. 결코 仇衝王의 治世가 鮮初本대로 '十三'年이 될 수는 없다. 즉 鮮初本의 '十三'은 '十二'의 誤字가 확실한 것이다.

崔南善은 "理(四)十'三'年"으로 교정하였는데, 이는 鮮初本의 '三'

---

63) 崔南善·李丙燾는 鮮初本의 '辛'으로, 今西龍과 末松은 壬申本의 '癸'로 교감했으며, 「考證」·김용옥은 '癸(辛)'으로 교정하여 양설을 모두 취했다.

64) 崔南善·李丙燾만이 鮮初本대로 '齊'로 교정하였고, 김용옥은 '行(齊)'로 교감하였으며, 나머지는 모두 壬申本의 '行'字를 踏襲하였다. 「考證」에서는 誤字인 '行'字로 인해서 문맥이 안통하자 '始行十行日'은 未詳이라고 하였다(「考證」, p.178).

65) 金相鉉, <三國遺事 王曆篇 檢討>, 전게서, p.224 참조.

字를 正字로 인식하고, 「遺事」 '卷二', <駕洛國記>에 보이는 正光二年(辛丑, 521)에 즉위하여 保定二年壬午(562)에 新羅에 항복하여 그 治世가 42년이라는 說을 수용하여 "(四)十三年"으로 교정한 듯 하다. 그러나 이것도 正光二年(521)부터 保定二年(562)은 42년이 되고 43년이 될 수는 없다. 결국 崔南善은 <駕洛國記>의 42년說과 鮮初本의 '十三'에 迷惑되어 "(四)十三年"으로 교정하여 엉뚱한 誤校를 한 것이 아닌가 한다.66)

한편 「遺事」 <王曆>의 12년說은 <駕洛國記>에서 인용한 「開皇錄」의 "梁中大通四年壬子(532)에 新羅에 항복했다"는 說과 역시 同書에서 인용한 「史記」 <新羅本紀> '法興王19年'條와 <地理志> '金海小京'條의 "梁中大通四年 法興王 19년(532)에 仇亥王이 新羅에 항복했다"는 (<駕洛國記>에서는 "案三國史仇衡以梁中大通四年壬子納土投羅"라고만 언급했다)것과 일맥상통하는 說이다.

88. 8後, 9, 7右; 「度'人'爲僧尼」: 鮮初本의 '人'字가 壬申本에서 闕字가 된 것이다.67)

89. 8後, 9, 15; 「中大通四年壬子納'土'投羅」: 鮮初本의 '土'字가 壬申本에서 字形의 유사함을 인한 誤字인 '士'字가 되었다.68)

90. 8後, 4, 4; 「……」: 「서울」에서 加筆된 내용이다.

91. 9前, 1, 9右·2-4左; 「第二十四眞興王……母只召夫人一作息道夫人朴氏牟梁里英失角干之女」: 原刊本의 '英失角干'이 鮮初本에 와서 '英

---

66) 李丙燾·김용옥은 崔南善의 誤校를 그대로 踏襲하였고, 末松 역시 鮮初本의 誤字인 '十三'을 因襲하여 '十三'으로 誤校를 하였으며, 「考證」과 今西龍은 '十二'로 바른 교정을 하였다.

67) 崔南善과 李丙燾는 闕字인 '人'字를 인식하여 "度'人'爲僧尼"로 교감하였고, 김용옥은 '<人>'으로 교감하였다. 나머지는 모두 闕字를 식별하지 못한 듯 "度爲僧尼"로 처리했다.

68) 「考證」과 今西龍은 "納土投羅"를 "納土新羅"로 교정하였는데('投'字를 '新'의 誤字로 본 듯 하다), 「遺事」 卷二 <駕洛國記>條에도 "納土投羅"의 用例가 보이고 있어 억측이 아닌가 한다(「考證」은 <駕洛國記>의 것도 동일하게 교정하였다).

史伯□'로 底本의 壞字로 인한 誤字가 되었고, 다시 壬申本에서는 ' ? 史伯□'가 되어 鮮初本의 '英'字는 '父'字와 비슷한 誤字가 되었다.69)

「遺事」 '卷三', <原宗興法>條에는 "按眞興乃法興之姪子妃思刀夫人朴氏车梁里英失角干之女 亦出家爲尼"라 하였으니, 비록 내용상에서 <王曆>은 "母息道夫人朴氏"라 하고 <原宗興法>에서는 "妃思刀夫人朴氏"라 하여 약간의 차이는 있지만, '朴氏'라는 姓과 '车梁里'라는 地名 그리고 '僧尼가 되었다'(<王曆>에서는 머리를 깎았다고 했음)는 내용이 일치하며, '英'字가 같은 것으로 보아 原刊本에는 <原宗興法>에 보이는 바와 같이 '英失角干'으로 되어 있던 것이 鮮初本에 와서는 底本에서 板木의 완결로 인한 壞字로 인해서 字形이 유사한 誤字 '英史伯□'로 변형되었을 것으로 추측하는 것이다.

92. 9前, 1, 7-8左, 2, 5右, 2, 7-8右; 「'終'時'亦'剃'髮而'卒'」(앞 91項에서 이어지는 문장임): 鮮初本의 '剃'字가 壬申本에서는 同意異字인 '剌'로 바뀌었고, '終時'·'卒'은 壬申本 가운데 「서울」만이 完形을 유지하고 있으며 나머지는 모두 板木의 완결로 인한 壞字가 되어 식별할 수 없는 지경에 이르렀다.70)

93. 9後, 3, 8右; 「第二十五平原王—作平'岡'」: 鮮初本의 '岡'字가 壬申本에서 '國'字로 변형되어 字形의 유사함을 인한 誤字가 되었다.71)

「史記」 <高句麗本紀> '平原王'條에는 "平原王 <或云平崗上好王> 諱陽成陽原王長子"라 하였으니, 壬申本의 '國'은 鮮初本 '岡'字의 誤

---

69) 崔南善·末松·今西龍은 '英失角干'으로 교감하였고, 李丙燾는 '英史角干'으로, 「考證」은 '英史□□'(註解에서는 '(英)史角(干)'으로 판독했음)으로, 김용옥은 '必史伯(英失角)<干>'으로 교정하였다.

70) 崔南善·李丙燾는 "終時亦剃髮而逝"로, 김용옥은 "終時亦剃髮而卒(逝)"로 교감하여 '卒'을 同意異字인 '逝'字로 교정하였는데, 이 역시 校勘學上에서는 誤校라 생각된다. 「考證」은 "□□亦剌髮而□□"로 교정하여 식별 불가능한 字를 空欄으로 처리하였으며, 말송과 今西龍은 "亦剃髮而卒"로 교정하여 '終時'를 없는 字로 인식하였다. 한편, 「서울」에서만 完形을 유지하고 있는 '終時'·'卒'字는 壬申本 가운데 「서울」이 最古本임을 입증해주는 것이라 하겠다.

71) 「考證」만이 壬申本대로 '國'字로 인식하고 있다.

字가 분명하다.[단, 「史記」의 '崗'과 「遺事」의 '岡'은 同意異字로서 어느 것이 正字인지는 未詳이며, 「考證」(「考證」上, p.198)에서는 <王曆>의 '岡'은 '崗'의 誤라는 說을 引用하고 있다.]

94. 9後, 3, 5-7左; 「'南史云' 高陽」: 鮮初本의 '南史云'이 壬申本에서는 '動之云'으로 되었다. 이 역시 '南史云'이 壬申本의 底本에서 板木의 완결로 인한 壞字가 되어 壬申本에서는 字形이 유사한 '動之云'으로 변형된 誤字이다. 「天理」에서는 '云'字에 加筆하여 '古'字로 만들어 놓았다.72)

95. 9後, 10, 18右; 「第二十六眞平王名白淨父銅輪一云東'輪'太子」: 鮮初本의 '輪'字가 壬申本에서 '語'로 되어 誤字가 되었다.73)

「史記」<新羅本紀> '眞平王'條에는 "眞平王立諱白淨眞興王太子銅輪之子也"라고만 하였다.

96. 10後, 1, 4左; 「第二七榮留王名□□又建'(成)'」: 鮮初本인 「石筆」은 이 張이 缺失되어 對校를 못했다. 壬申本에 모두 '歲'字로 되어 있는바, 字形이 유사한 '武'의 誤字로 인식되고 있다.74)

그러나 「史記」<高句麗本紀> '榮留王'條에는 "榮留王諱建武 <一云成> 嬰陽王異母弟也"라고 한바, '歲'가 '武'의 誤字라기보다는 「史記」에 보이는 '成'字의 誤字일 가능성이 크다. '歲'가 '武'하고 字形이 유사하지만 '成'字 역시 더욱 흡사하다.<王曆>에서는 王의 諱를 기술할 경우 「史記」에 기술된 順序를 따랐다. 예컨대, 「史記」<高句麗本紀> '瑠璃明王'條를 보면 "瑠璃明王立諱類利或云孺留"라 하였고, <王曆>에서는 "第二瑠璃王一作累利又(孺)留"라 하여, 「史記」에서 「一云」·「或云」으로 後述되어 있는 諱는 <王曆>에서도 後述되는 것이

---

72) 崔南善·李丙燾는 '南史云'으로, 김용옥은 '動之(南史)云'으로 교정하였고, 나머지는 모두 壬申本대로 '動之云'으로 인식하였다.
73) 崔南善·李丙燾·末松은 '輪'으로, 「考證」과 今西龍은 '語'로, 김용옥은 '語(輪)'으로 교정하였다.
74) 모든 교정본에서 "建'武'"로 교감하고 있다.

상례이다.('東明王', '新大王', '故國川王', '西川王', '美川王' 등등의 경우가 모두 그렇다.)

그렇다면 「史記」에서 "建武"가 先述되고 "建成"이 「一云」 다음에 後述되었듯이, <王曆>에서도 "建武"가 先述되고 "建成"이 後述된 것으로 봄이 타당한 것이다. 즉 壬申本 <王曆>의 "第二十七榮留王名□□又建歲"에서 "建 '歲'"는 "建 '成'"이 되어야 하고 闕字는 "建武"가 되어야 한다. 결국 闕字가 된 "□□"는 "建武"의 闕字로 보고, 誤字가 된 "建歲"는 "建武"가 아닌 "建成"의 誤字로 인식해야 타당한 것이다.

97. 10後, 3, 12; 「……」:

　　11前, 2, 5; 「……」:

　　　　9, 3; 「……」:

　　　　3, 4; 「……」: 모두 「서울」에서 加筆된 내용이다.

98. 11後, 5, 15-24; 「第三十二孝昭王名理恭'一'作洪金氏父新文王母神穆王后'壬'辰立理＋年陵在望德寺東」: 對校表에 보이는 鮮初本의 내용 가운데 鮮初本의 衍字인 '人'字와 '一'字가 壬申本 「서울」에서는 連字가 되어 '上'字로 誤字가 되었고 나머지는 모두 板木의 완결로 인해서 인쇄가 되지 않았으며, 「天理」에서는 '乙'과 비슷한 字로 되었는데 아마도 '上'字가 이지러진 상태에서 이물질이 끼어 인쇄된 결과로 생각된다. 또한 鮮初本의 '壬'字는 「서울」에만 완형을 유지하고 있고 나머지는 모두 板木의 완결로 인해서 인쇄가 안 되었다.

그리고 「서울」은 壞字가 하나도 없으며, 「天理」와 「晚松」은 板木의 완결로 인한 缺劃이 비슷하게 나타나면서 「晚松」에서는 「天理」에서 보이는 '乙'字와 비슷한 字가 완전히 이지러진 壞字가 되었다. 이로 보면 「晚松」이 「天理」보다 다소 늦게 印出된 것으로 짐작된다. 「蓬左」와 「武者」는 對校表에 보이듯이 5行의 14字부터 24字까지가 모두 板木의 완결로 인해서 인쇄가 안 되었다.75)

99. 12前, 11, 3右; 「依忠角'干之女壬午立'理二十三年」: 壬申本에서 12張 前面 11行 3右字가 '干之女壬午立'으로 시작되고, 「石筆」에서는 '干之女'가 10行左 끝에 기재되고 '壬午立'부터 11行右에 기재되었다.(또한 壬申本에서는 10行左가 '无後'로 시작되었는데 「石筆」에서는 '无'가 10行右 끝에 그리고 10行左는 '後'부터 기재되었다. 이러한 例는 몇 가지가 더 있다.)

이 점에 대해서 鮮初本이 壬申本과 같은 형태로 기재되어 있던 것을 石南本의 筆寫本인 「石筆」에서 筆寫할 때 行字를 달리하여 필사된 것인지, 아니면 鮮初本에도 「石筆」과 같은 형태로 기재되어 있던 것을 壬申本에 와서 行字를 달리한 것인지는 상고하지 못했지만 後者의 가능성이 높다 하겠다. 그렇다면 이 12張의 板刻만큼은 筆書改刻으로 이루어진 것임을 알 수 있다.

100. 12後, 7, 27右; 「先妃神'巴'夫人」: 壬申本에는 모두 '巴'字로 되어 있는 것이 「石筆」에서는 '巳'字로 되어 있다. 字形이 비슷하기 때문에 '巳'字에서 '巴'로, 혹은 '巴'字에서 '巳'로 변형되었을 것으로 추측하지만 어느 것이 正字인지는 상고하지 못하였다.76)

101. 13前, 1, 26左; 「第三十八元聖王……母仁□一云知'烏'夫人」: 鮮初本의 '烏'字가 壬申本에서 '鳥'가 되어 誤字가 되었다.77)

「史記」 <新羅本紀> 元聖王條에는 "元聖王立,……母朴氏繼烏夫人"이라 하였으니, '烏'가 正字임이 분명하다.

102. 13前, 2, 14左·2, 16-18左; 「今崇福寺有也'致'遠'所'□碑」: 鮮初本의 "也'致'遠'所'□碑" 가운데 '致'字와 闕字는 임신본에서 '致'는 '或', '式'字와 비슷한 字로 변형되어 誤字가 되었고, '□'은 補字인

---

75) 이상에서 나타난 諸 板本의 字缺로 인한 壞字의 상태를 살펴보면 壬申本 諸 板本의 印出 先後를 고찰할 수 있는 바, 「서울」→「天理」→「晩松」→「蓬左」→「武者」의 순서로 귀결된다. 앞주 13·21·23·30·33, 36·44·49·70) 참조.
76) 교정본에서는 모두 '巴'字로 교정했다.
77) 崔南善과 김용옥을 제외한 모두가 壬申本의 '鳥'를 正字로 인식했다.

'立'으로 채워져서 "今崇福寺有也或(式)遠所立碑"가 되었다.78) 이것은
전혀 文理가 통하지 않으며, 鮮初本의 "今崇福寺有也致遠所□碑"도
'也'字 때문에 문맥이 안 통한다. '也'字는 '崔'의 誤字가 아닌가 생각
된다. '也'와 '崔'가 字形은 相異하지만 '崔'가 板木의 완결로 인해서
壞字가 되었을 경우 '也'字와 비슷하게 될 수 있다고 볼 수 있다. 즉 原
刊本의 '崔'가 壞字가 되어 鮮初本에서 '也'字로 둔갑된 것이 아닌가
한다. 그렇게 보아서 '也'를 '崔'로 대신하게 되면 위의 문장은 文理가
통하게 된다. 즉 "지금 승복사에는 최치원이 (세운?)비가 있다."라고
해독이 된다(「遺事」 卷二, 14張 後面 3行에는 "洞鵠寺 <今崇福寺> 有
崔致遠'撰'碑"의 구절이 보인다. 壬申本에서 '立'을 補字한 鮮初本의
'□'闕字는 '撰'字가 아닌가 한다).

결국 原刊本의 "崔致遠"이 鮮初本에서는 "也致遠"으로 변형되었
고, 다시 壬申本에 와서는 "也或(式)遠"으로 바뀐 것으로 생각된다.
즉 아래와 같이 변형된 것이다.

崔致→　　　　也致→　　　　也或(式)
(原刊本)　　　(鮮初本)　　　(壬申本)

103. 13後, 2, 16左; 「禮英匝'干'子也」: 鮮初本에서 字形의 유사함
으로 생긴 '干'의 誤字 '于'를 壬申本에서 踏襲한 것이다.

104. 14前, 3, 6左; 「乙未立理'十'一年」: '十'字가 壬申本 가운데 「서울」
을 제외한 모든 板本에서는 板木의 완결로 인해서 壞字가 되었고, 「天理」

---

78) 이에 대한 교정은 각양각색이다.
　　崔南善은 "也致遠所(立)碑" 李丙燾는 "也式遠所(立)碑"
　　「考證」은 "也或(致)遠所立碑" 末松은 "也致遠所立碑"
　　今西龍은 "也式遠所立碑" 김용옥은 "或(致)遠所<立>碑"
　　단, 今西龍은 여기에 대해서 "也式遠當作崔致遠"이라는 頭註를 내어 '也式'을
　　'崔致'의 誤字로 인식하였다.

에서는 加筆하여 完字로 만든 것이다.79)

105. 14後, 7, 14右; 「父順弘角干……'祖'元ﾑﾑ角干」: 鮮初本에서 字形의 유사함으로 인한 '祖'의 誤字 '相'字가 壬申本에서 바로 잡혀진 것이다.

106. 14後, 7, 9左; 「父 '文'元伊干」: 鮮初本의 '文'字가 壬申本에서 字形이 유사한 '父'字로 된 것이다.

107. 15前, 2, 5左; 「第五十五景哀王……甲申立理'二'年」: 原刊本의 '三'字가 鮮初本에서 誤字인 '二'字가 된 것을 壬申本에서 踏襲한 것이다. 「天理」에서는 加筆하여 '二'字를 '三'으로 만들었다.80)

<王曆>에서는 景哀王이 甲申(924)에 즉위했다 하고, 「史記」 <年表>에 의하면 甲申(924)에 즉위하여 丁亥(927)에 薨했다 하였으니, 그의 治世는 3년이 된다. 이로 보면 鮮初本·壬申本의 '二'는 '三'의 誤字로 보는 것이 타당하다.

108. 15前, 3, 19右; 「父孝宗伊'干'」: 鮮初本의 '干'字가 壬申本에서는 字形의 유사함으로 인해서 誤字인 '于'字로 된 것이다.

109. 15前, 4, 6右; 「祖官□角'干'」: 鮮初本과 壬申本에 모두 '汗'字로 되어 있다. 아마도 '汗'은 '干'의 誤字가 아닌가 한다.81)

110. 15前, 5, 6左; 「陵'在'□□東向洞」: 鮮初本·壬申本에 모두 闕字가 된 것을 「天理」에서는 加筆하여 '在'字를 넣었다.82)

<王曆>에서 墓所를 기재한 형식은 모두 "陵 '在'……"로 되어 있다.

111. 15前, 5, 13-23; 「丁亥創'妙□'寺已丑創龜山庚寅安(以下闕失)」:

---

79) 앞주75) 참조.

80) 崔南善·今西龍·김용옥은 '二'로, 李丙燾·「考證」·末松은 '三'으로 교정했다.

81) 崔南善·李丙燾·김용옥은 '汗'字를 '干'의 誤字로 보아 '干'으로 교정하였고, 나머지는 모두 '汗'字를 正字로 인식했다. 특히 「考證」은 "角汗"은 "角干"의 異例인 것으로 언급하고 있다(「考證」, p.289). 한편, 崔南善·李丙燾·今西龍은 '官'字 아래에 한 字가 闕字된 것으로 교감하였고, 「考證」·末松은 闕字가 없는 "官角汗"으로 교감하였다.

82) 加筆字인 '在'字를 모든 교정본에서 수용하였다.

鮮初本에서 '妙'와 '寺'字 사이에 있던 空白이 壬申本에서는 '妙'와 '寺'字 사이의 空白이 없어지고 맨 끝 '安'字 다음에 생겼다.83)

이것은 壬申本이 鮮初本을 筆書改刻하는 과정에서 鮮初本의 '妙'와 '寺' 사이의 空白을 무시하고 두 字를 이어서 筆書改刻한 결과 '安'字 아래에 空白이 생긴 것으로 생각된다.(여기에서 언급한 壬申本의 筆書改刻은 壬申本 전체를 지칭하는 것이 아니라 최소한 王曆篇의 제15張을 의미한다.)84)

112. 15後, 4, 5·4, 10-13·8, 2·8, 6;

「後漢 光明 '(章和)' 安順 '(沖質)' 桓靈農獻」「李唐 憲蓉 '(敬)' 文虎宜 '(懲)' 僖昭景」:

鮮初本·壬申本에서 모두 闕字로 되어 있는 것을 「天理」와 「서울」에서 加筆하여 놓은 것이다.85)

이상과 같이 附錄 1. '王曆篇의 文字異同과 旣存 校正本의 校勘狀況'의 對校表에 의거해서 모두 112개 항에 걸친 諸 板本(鮮初本인 石南本의 필사본 「石筆」 및 壬申本)의 文字異同 樣態와 그 원인을 살펴보았는데, 이제 이것을 유형별로 분석하고자 한다. 그 유형은 a)

---

83) 崔南善은 鮮初本을 따라 '妙□寺'로, 「考證」은 壬申本을 따라 '妙寺'로 교정하였다. 李丙燾·末松·今西龍은 '(智)妙寺'로 교감하였는바, 鮮初本에는 '妙'字 다음이 闕字인데, 이들은 '妙'字의 위에 闕字가 된 것으로 보고 그 闕字를 '智'로 추정한 것이다. 김용옥은 '<智>妙□寺'로 교정하였다. '智妙'에 대해서는 '智妙'(迹門 十妙의 하나, 대상의 경계를 觀照하는 지혜가 微妙不可思識함. 동국역경원, 「불교사전」, 1962, p.819), '智妙寺' (경기도 개풍군 성거산에 있던 절. 927(고려 태조 10년) 창건. 동국역경원, 상게서, p.819) 등의 用語와 寺名이 있다. '智妙寺'가 "경기도 개풍군 성거산에 있던 절로 고려 태조 10년 (927)에 창건되었다"는 「불교사전」의 설명이 정확하다면 (筆者는 이 기록의 출처를 확인하지 못했다), <王曆>에서 '智□寺'丁亥 (927)에 창건되었다 하였으니, '妙□寺'를 '智妙寺'로 생각할 수도 있겠다.

84) 앞의 99項 참조.

85) 崔南善·李丙燾·今西龍·김용용 교정은 필자와 동일하고, 末松은 이 闕字들을 空欄으로 처리하였으며, 「考證」은 15張 後面 전체를 다루지 않았다.

加筆字 b) 闕字 c) 誤字 d) 壞字 e) 異字 f) 連字 g) 衍字 h) 錯綜 i) 補字 등등으로 구분되고, 이들은 다시 다음과 같이 세분된다.

　a) 加筆字

1) 加筆字(字를 加筆한 것)로 인한 正字

2) 加筆劃(劃을 加筆한 것)을 인한 正字

3) 加筆字로 인한 誤字

4) 加筆劃으로 인한 誤字

　(이외에도 加筆된 내용, 加筆로 인해서 알 수 없게 된 字 등이 있지만 論外로 한다.)

　b) 闕字

1) 鮮初本·壬申本 모두의 闕字

2) 壬申本의 闕字

　c) 誤字

1) 鮮初本·壬申本 모두의 誤字

2) 鮮初本의 誤字

3) 壬申本의 誤字

　d) 壞字

1) 鮮初本의 壞字

2) 壬申本의 壞字

　a) 加筆字

　1) 加筆字로 인한 正字: 제8, 9, 18, 22, 24, 28, 29, 32, 33, 34, 37, 38, 4l, 44, 49, 51, 65, 67, 85, 112項 등 20개 항이 되는데,86) 「天理」에서 모두 나타난 것이며, 「서울」은 34, 38, 112項 등 3개 항이다.

2) 加筆劃으로 인한 正字: 제3, 6, 9, 10, 23, 27, 46, 55, 56, 64, 72, 83, 104, 107項 등 14개 항인데, 전부 「天理」에서 나타난 것이다. 이 가운데 제9項의 '稜'은 後學이 加筆字가 아닌 原字로 인식하기도 하였다.87)

3) 加筆字로 인한 誤字: 제2, 53, 58, 등 3개 항으로 역시 모두 「天理」에서 생긴 것이다. 用例를 보면 아래와 같다.(괄호안의 字는 正字이다.)

　　2項의 '之'(一)　　　53項의 '改'(定)　　　58項의 '孝'(穆)

선행의 연구에서는 「天理」의 이 같은 加筆로 인한 誤字를 原字 혹은 正字로 인식하기도 하였다.88)

4) 加筆劃으로 인한 誤字: 15, 66, 79, 94項 등 4개 항으로 「天理」에서 나타난 것이다. 用例는 다음과 같다.(괄호 안의 字는 正字이다.)

　　15項의 '西'(岳)　66項의 '女'(父)　79項의 '於'(儉)　94項의 '古'(云)

이 역시 後學을 미혹게 하는 것이었다.89)

b) 闕字

1) 鮮初本·壬申本 모두의 闕字: 제8, 17, 18, 20, 22, 28, 29, 33, 34, 37, 44, 58, 61, 67, 80, 110항 등 16개 항에 보이고 있다

---

86) 본 對校表에서 對校의 대상으로 삼은 것 이외에도 諸 板本에는 많은 加筆字가 있다. 굳이 對校할 필요가 없는 것은 연구 대상에서 제외시켰다. 다른 項目도 마찬가지이다.

87) 앞주12) 참조.

88) 앞주 11·35·41) 참조.

89) 앞주 15·58) 참조.

2) 壬申本의 闕字: 제2, 14, 16, 58, 73, 80, 88항 등 9개 항으로
鮮初本이 壬申本으로 전승되는 과정에서 闕字가 된 것이다. 用例를
보면 아래와 같다.

2項의 '一'   14項의 '召'   16項의 '三'   58項의 '穆',
73項의 '二'   80項의 '一'   88項의 '人'

c) 誤字

1) 鮮初本·壬申本 모두의 誤字: 제1, 3, 7, 9, 46, 50, 55, 64,
66, 91, 102, 103, 106, 108, 109항 등 15개 항으로, 용례를 보면
다음과 같다.(괄호 안은 正字임.)

1項의 '姝'(妃·妹?)   3項의 '至'(至)   7項의 '至'(一云)
46項의 '反'(友)   50項의 '菖'(葛)   55項의 '氏'(民)
66項의 '文'(父)   91項의 '英史伯口'(英失角干) 103項의 '于'(干)
106項의 '二'(三)   108項의 '于'(干)   9項의 '杜'(稷)
64項의 '文'(父)   102項의 '也'(崔)   109項의 '汗'(干)

2) 鮮初本의 誤字: 제1, 11, 53, 81, 87, 105項 등 6개 항인데, 鮮
初本의 誤字가 壬申本에서 바로 잡혀진 것이다. 用例는 다음과 같다.

1項의 '姑'(始)   11項의 '壬'(王)   53項의 '文'(父)
81項의 '三'(王)   87項의 '三'(二)   105項의 '相'(祖)

3) 壬申本의 誤字: 제17, 74, 78, 83, 85, 86, 89, 93, 94, 95, 96,
98, 101, 102, 106, 108항 등 16개 항으로, 鮮初本의 正字가 壬申本
에서는 誤字가 된 것이다. 用例는 아래와 같다.

17項의 '**罢**'(娑)　　74項의 '明'(州)　　78項의 '名'(老)
83項의 '明''山'(冊元)　85項의 '癸'(辛)　　86項의 '行'(齊)
89項의 '士'(土)　　　93項의 '國'(岡)　　94項의 '勤之云'(南史云)
95項의 '語'(輪)　　　96項의 '歲(成, 武?)　98項의 '上'(一)
101項의 '鳥'(鳥)　　102項의 '或(式?)'(致)　106項의 '父'(文)
108項의 '于'(干)

이 가운데, 17項의 '**罢**'는 '要'字와 비슷하게 생긴 字이고, 98項의
'上'은 鮮初本의 衍字인 '人'과 '一'이 壬申本에서 連字가 되어 '上'
으로 誤字가 된 것이며, 102項의 誤字는 '或'과 '式'의 중간 형태의
字이다.

이상에서 살펴본 誤字들은 底本의 字缺로 인한 壞字로 인해서 筆
寫者의 誤寫, 혹은 刻手의 誤刻에 의해서 야기된 것으로 생각된다.

d) 壞字

1) 鮮初本의 壞字: 제13, 30項 2개 항으로 字缺로 인해서 심한 缺
劃을 보이고 있다.

2) 壬申本의 壞字: 제5, 12, 15, 23, 25, 32, 46, 48, 53, 54, 56,
61, 71, 92, 98, 104項 등 16개 항이다. 이것은 다음의 3가지로 세
분된다.

(1) 壬申本 전체의 壞字: 제5, 12, 15, 23, 32, 46, 53, 71項 등 8
개 항

(2) 「서울」 이외의 모든 板本에 나타난 壞字: 제25, 54, 56, 92,
98, 104項 등 6개 항

(3) 「蓬左」・「武者」에만 나타난 壞字: 제61, 98項 등 2개 항(제98
項은 字缺로 인해서 23個字가 缺失된 것이다.)

4) 「武者」에만 보이는 壞字: 제48項, 1개 항

위와 같은 壞字의 樣相으로 壬申本 諸 板本의 印出 先後를 「서울」

→「天理」→「晩松」 →「蓬左」→「武者」로 추정할 수 있다.90) 그리고 이러한 壞字가 「天理」에서는 거의 대부분 完字로 加筆되어 있다.

e) 異字「제92項 1개 항으로 同意異字인데, 鮮初本과 壬申本 사이에서 나타난 것이다.(괄호 안은 鮮初本의 字이다.)

92項의 '剌'(剃)

f) 連字「제7, 98項 2개 항으로, 두 字가 한 字로 連字가 되어 誤字로 된 것이다. 用例를 보면 다음과 같다.

7項의 '主'(一云)　　　　　98項의 '上'(人一)

제7項은 鮮初本의 '一云'이 壬申本에서 重疊되어 '主'字로 되었고, 제98項은 鮮初本의 衍字인 '人'과 '一'이 壬申本에서 重疊되어 '上'字로 된 것이다.

g) 衍字: 제64, 98項 2개 항으로, 用例는 아래와 같다.

64項의 '又'　　　　　98項의 '人'

제64項의 '又'은 鮮初本에는 없는 字로 壬申本에서 衍加된 것이고, 제98項의 '人'은 鮮初本의 衍字인데, 壬申本에서는 다음 字인 '一'과 重疊되어 誤字인 '上'字가 되었다.

h) 錯綜: 제49項, 1개 항인데, 鮮初本에서 錯綜되어 壬申本에도 그대로 踏襲된 것으로, 高句麗 기사란에 있어야 할 "第十四烽上王

90) 앞주 75) 참조.

……"의 내용이 百濟 기사란에 기재되어 있는 것이다.

　i) 補字: 제102項, 1개 항인데, 鮮初本에서 闕字가 된 것을 壬申本에서 補入한 것이다. 제102項의 '立'字가 壬申本에서 補入된 補字이다.(반면에, 鮮初本인 壬申本의 底本에는 원래 있던 字이고, 「石筆」의 저본인 石南本에서의 闕字일 가능성도 있다 하겠다. 그렇다면 이는 壬申本의 補入字가 아니라, 鮮初本인 「石南本」, 즉 「石筆」의 闕字가 되는 셈이다.)

　이상과 같이 모두 112개 항에 걸친 王曆篇의 문자이동의 원인 및 경위에 대해서 類型別로 분석한 것을 종합하여 表로 만들면 다음과 같다.

<表3> 王曆篇에 대한 鮮初本·壬申本의 文字異同 類型

文字異同 \ 板本의 類型		鮮初本·壬申本	鮮初本	壬申本	備　考
加筆字	正字				「天理」(20), 「서울」(3: 「天理」에 중복)
	誤字				「天理」
加筆劃字	正字				「天理」
	誤字				「天理」
闕字		16			
誤字		15	6		
壞字					壬申本(8), 「서울」제외(6), 「蓬左」「武者」(2), 「武者」(1). [(17)은 중복된 數字]
異字					
連字					
衍字					
錯綜		1			
補字			1		
計		32	8	88(47)	(47)은 加筆字를 제외한 數字임

위와 같은 고찰을 통해서 鮮初本·壬申本이 모두 缺陷이 많은 板本임을 認知하였다. 또한 '壬申本의 壞字' 16개 항에 壬申本 諸 板本이 相異한 壞字의 상태를 보여주고 있는데, 諸 板本의 印出이 「서울」→「天理」→「晩松」→「蓬左」→「武者」의 순서로 이루어졌음을 밝혀 주는 것이다.

2. 卷一의 對校

紀異의 전반부에 해당되는 '卷一'의 對校에 앞서 그 내용을 먼저 살펴보고자 한다. 단, 여기에서 대교에 이용할 수 있었던 것은 國立中央圖書館本(「武者」)이 제외된 5種(鮮初本인 石南本의 필사본 「石筆」 및 壬申本의 판본이다.

1) '卷一'의 內容

'卷一'의 내용은 '古朝鮮'부터 '駕洛國記'까지 모두 59항목으로 구성된 紀異 가운데 전반부에 해당하는 '古朝鮮'부터 '長春郞 羅郞'까지의 36항목이다. 즉 '古朝鮮', '魏滿朝鮮', '馬韓', '二府', '七十二國', '樂浪國', '北帶方', '南帶方', '靺鞨 渤海', '伊西國', '五伽倻', '北扶餘', '東扶餘', '高句麗', '下韓 百濟', '辰韓', '四節遊宅', '新羅始祖 赫居世王', '第二南解王', '第三弩禮王', '第四脫解王', '金閼智脫解王代', '延烏郞 細烏女', '未鄒王 竹葉軍', '奈勿王 金堤上', '第十八實聖王', '射琴匣', '智哲老王', '眞興王', '桃花女 鼻荊郞', '天賜玉

帶’, ‘善德王知幾三事’, ‘眞德王’, ‘金庾信’, ‘太宗春秋公’, ‘長春郎 罷
郎’ 등등이다.

紀異는 三國 이전의 역사를 다룬 부분과 이후를 다룬 부분으로 크
게 나눌 수 있다. 三國 이전의 부분에서는 우리나라 역사의 시작인
檀君朝鮮으로부터 여러 부족국가와 종족의 문제가 다루어지고 있다.
즉 三國이 형성되기까지의 역사적 과정을 서술한 것91)이라 할 수
있다. 요컨대 紀異에서 역사적 神異에 대한 기록은 한국고대사를 자
주적인 입장에서 새로이 이해해 보려는 노력이었고, 불교적 神異에
대한 서술은 신앙의 옹호를 위한 것92)이다.

2) 傳存本의 對校를 통한 校勘

이제 附錄 2. ‘卷一의 文字異同과 旣存 校正本의 校勘 狀況’의 對
校表에 의거하여 ‘卷一’에 대한 諸 板本 間의 文字異同의 原因과 經
緯를 분석하여 교감하면 아래와 같다.

1. 1前, 5, 18. 1993); 「龍感女登而‘生’, ‘炎’94)」: 鮮初本인 「石筆」에
‘生’은 誤字인 ‘注’로, ‘炎’은 闕字로 되어 있다. 이것이 壬申本에서는
‘注’, ‘炎’으로 되어 ‘生’의 誤字인 ‘注’는 그대로 답습하고, 鮮初本에
闕字로 되어 있던 ‘炎’이 補入된 것이다.

---

91) 鄭求福, <三國遺事의 史學史的 考察>, 「三國遺事의 綜合的 檢討」, 精文硏, 1987,
    p.13.
92) 李基白, <「三國遺事」의 史學史的 意義>, 「韓國史學의 方向」, 1978, p.45.
93) 「遺事」 가운데 本 章에서 고찰하는 ‘卷一’의 校勘 對象字의 張·面·行·字數로
    서 「遺事」의 판본(선초본과 임신본은 동일한 체제임)의 ‘卷一’에서의 位置이다.
94) 이 例文은 筆者의 편의에 따라 부분적으로 인용한 것이고, ‘一’字는 筆者가 校
    勘한 字이다.

반면에 「遺事」 전체를 통해 보았을 때, 鮮初本에 闕字로 되어 있는 것은 대부분 壬申本에서도 闕字로 되어 있다. 간혹 鮮初本인 「石筆」에만 闕字로 되어 있는 것은 「石筆」의 底本으로서 鮮初本인 石南本에는 板木의 완결로 인해 闕字가 되었지만, 壬申本의 底本이 되었던 鮮初本에는 원래 있었던 字가 아닌가 한다. 결국 여기에서 언급한 '炎'字는 鮮初本의 闕字를 壬申本에서 補入한 것이 아니라, 鮮初本 가운데 「石筆」의 底本인 石南本에만 厥字가 된 것으로도 볼 수 있는 것이다. 한편 壬申本 가운데 「天理」에서는 '注' 옆에 正字인 '生'을 가필하였다.

2. 1前, 7, 4; 「生小 '昊'」: '昊'字가 鮮初本에서 異常字가 된 것을 壬申本에서 인습한 것인데, 「天理」에서는 加筆하여 正字인 '昊'와 비슷하게 만들어 놓은 것이다.

3. 1前, 7, 5; 「簡 '狄'呑卵而生契」: 「鮮初本의 '狄'字가 壬申本에서는 '狄' 가운데 '火'가 '犬'으로 변형된 俗字95)로 기재된 것이다. 이러한 俗字는 흔히 사용되는 俗字가 아니기 때문에 혹 誤字로써 취급될 수 있는 字96)라 하겠다.

4. 1後, 1, 11; 「此神異之所以 '漸'諸篇也」: '鮮初本의 '漸'字가 壬申本에서는 '漸' 가운데 '水'가 '人'으로 변형되어 異常字가 된 것이다. '水'가 '人'으로 필사되는 경우는 종종 발생되는 것97)으로서, 鮮初本이 壬申本으로 전승되면서 刻手의 誤刻이 아닌 筆寫者의 誤寫에 기인한 것으로 생각되는 것이다.

5. 1後, 5, 4; 「昔有桓 '因'」: '因'字가 鮮初本에서 俗字98)로 기재된 것을 壬申本에서는 '國'의 俗字로 변형되어 誤字99)가 된 것이다. 이

---

95) 이것이 '狄'의 俗字임은 秦公 輯, 「碑別字新編」, 文物出版社, 1985, p.42의 <魏李彰墓誌>의 용례에서 확인된다.

96) 先學의 校訂本에서는 모두 '狄'으로 교정하였다.

97) 본고의 대교표에 보이는 것으로서, 卷1. 12前, 6, 12의 '活'字와 24後, 4, 18의 '汝'字도 같은 경우이다.

98) 鮮初本의 字가 '因'의 俗字임은 秦公, 전게서, p.22의 <隋開明墓誌>의 용례에서 확인된다.

는 「遺事」 전체를 살펴볼 때 本文에서 '國'이 俗字로 쓰인 예는 이 것 하나 밖에 없는 것으로 보아, 역시 壬申本의 '國'의 俗字는 '囙'의 誤字가 분명함을 알 수 있다.

6. 1後, 5, 9; 「庶子 '桓'雄」 1後, 8, 8; 「'桓'雄天王」: 鮮初本의 '桓'字가 壬申本에서는 '桓' 가운데 '旦'이 '且'로 변형된 俗字로 기재 된 것이다. 이것을 혹 誤字로 볼 수도 있겠지만, '且'가 '旦'의 俗字100)로 사용되는 것으로 보아 壬申本의 字가 鮮初本 '桓'의 誤字라 기보다는 俗字로 간주함이 옳다 하겠다.

7. 2後, 7, 11; 「稍'役'屠眞番朝鮮」: '役'字가 鮮初本에서는 '設'로 되어 誤字가 된 것을 壬申本에서 正字인 '役'의 俗字101)로 訂正된 것이다.

8. 3前, 1, 22; 「何'去'至界」: '去'字가 鮮初本·壬申本 모두 '去'字 보다는 '玄'字에 가깝게 기재된 것인데, 「天理」에서는 加筆하여 완전 한 '去'字로 만들어 놓은 것이다.

9. 5後, 3, 4; 「溫'祚'之言」: 鮮初本의 誤字인 '詐'를 壬申本에서 正字인 '祚'로 교정된 것이다.

10. 6前, 8, 2; 「契'丹'攻破之」: 鮮初本의 '丹'이 壬申本에서는 俗字102)로 기재된 것이다.

11. 6前, 9, 1; 「'太'伯山」: 鮮初本의 '大'가 壬申本에서 同意同音 異字인 '太'로 변형된 것이다.

---

99) 崔南善은 그의 校正本에서는 '囙'으로 校勘하고 있으나, 그는 1932년 7월 21일 中樞院 제6차위원회 회의석상에서 "……三國遺事」의 檀君古記 중에 「昔有桓國」 이라고 해야 할 것을 후세의 淺人의 妄筆에 기인한 「檀因」으로 한 것 등이 그 좋은 본보기입니다."라고 언급한 바(朝鮮總督府朝鮮史編修會, 「朝鮮史編修會事業 槪要」, 1938, p.59<國內影印本: 시인사, 1986, p.237>), '因'의 俗字를 誤字인 '國'의 俗字로 인식하였다.

100) 秦公, 전게서, p.15 참조.

101) 秦公, 전게서, p.38 참조.

102) 秦公, 전게서, p.3 참조.

12. 7前, 1, 9;「溫祚王四十'三'年南沃沮二十餘家來投」:「鮮初本의 '三'이 壬申本에서는 '二'로 되어 誤字가 된 것이다.

이것은 「三國史記」 <百濟本紀> '始祖溫祚43年'條에 "겨울 10월, 남옥저의 구파해 등 20호가 부양 땅에 와서 백성이 되기를 원하니, 왕은 받아들여 한산의 서쪽에 살게 하였다"(冬十月 南沃沮仇頗解等 二十餘家至斧壤納款 王納之 安置漢山之西)고 한바, 鮮初本의 四十 '三'年이 확실하다 하겠다.

壬申本의 이 같은 誤字는 壬申本에서 冊板의 마멸로 인한 결획 때문에 야기된 것으로 이해된다.(다음의 제13항 참조)

13. 7前, 2, 7;「赫居世五十'三'年東沃沮來獻良馬」: 鮮初本의 '三'이 壬申本에서는 '二'로 되어 誤字가 된 것이다.

이 역시 「三國史記」 <新羅本紀> '始祖赫居世53年'條에 "동옥저의 사자가 와서 좋은 말 20필을 바치면서 말하기를 「저희 왕께서 남한에 성인이 나셨다는 소문을 들으시고 저를 보내어 찾아뵙게 한 것입니다.」 하였다"(東沃沮使者來 獻良馬二十匹曰 寡君問南韓有聖人出 故遣臣來享)한바, 鮮初本의 五十'三'년이 정확하다 하겠다.

이것은 원래 壬申本에도 '三'으로 되어 있던 것이 전존되는 제판본에서는 책판이 이지러진 결과 '三'字 가운데 上劃이 결획되어 '二' 字로 인쇄되어 誤字가 된 것이다. 제판본의 '二'의 字形을 세밀히 살펴보면 上劃이 결락되었음을 식별할 수 있다.

14. 7後, 2, 20;「三非'火'」: 鮮初本의 '火'가 壬申本에서 字形이 유사한 '大'로 변형되어 誤字가 된 것이다.

'大'가 '火'의 俗字로 사용되는 용례가 있기는 하나,103) 여기서는 筆寫者의 부주의로 인해서 '火'가 '大'로 필사되어 板刻된 것이 아닌가 한다.(혹 '大'를 '火'의 俗字로 인식해도 무방할 듯 하다.)

---

103) 金榮華,「韓國俗字譜」, 亞細亞文化社, 1986, p.128 참조.

15. 8前, 5, 8; 「見大石相對'淚'流」: 鮮初本의 '淚'가 壬申本에서 誤字인 '俠'으로 변형된 것이다.

16. 8前, 7, 7; 「爲'太'子」: 앞의 제11항과 같은 例임.

17. 8後, 3, 1; 「姓'高'氏諱朱蒙」: '高'字가 壬申本에서는 誤字인 '言'으로 변형된 것이다.

18. 8後, 7, 2; 「室中'私'之」: 鮮初本의 '私'가 壬申本에서는 '知'로 변형되어 誤字가 된 것이다.

19. 8後, 8, 2; 「産子'名'曰夫婁」: '名'字가 鮮初本에서 '右'로 되어 誤字가 된 것이 壬申本에는 正字인 '名'으로 되어 있다.

鮮初本에서 '右'로 된 것은 책판의 마멸로 인한 결획 때문이 아닌가 한다.

20. 10後, 10, 10; 「池'上'宅」: '上'字가 鮮初本에서 '工'으로 되어 誤字가 된 것을 壬申本에서 正字인 '上'으로 訂正한 것이다.

鮮初本의 '工'은 아마도 '上'字가 '工'과 비슷한 '上'의 俗字로 필사된 것이 刻手에 의해서 완전한 '工'字로 誤刻된 것으로 생각된다.

21. 11前, 10, 9; 「憲康大王 '代'」: 鮮初本의 '代'字가 壬申本에서 字形이 유사한 '伐'로 변형되어 誤字가 된 것인데, 「天理」에서는 한 획을 지워 버려 正字인 '代'로 만들어 놓은 것이다.

22. 11後, 5, 4左; 「波'潛'東山」: '潛'字가 鮮初本과 壬申本에 각각 다른 俗字[104]로 기재된 것이다.

壬申本의 字는 얼핏 보면 '替'字로 보이지만 세밀히 살펴보면 '替'[105]가 아니고, '潛'의 俗字임을 식별할 수 있다.

23. 11後, 6, 15右; 「'梁'蹟云道」: 鮮初本의 '梁'字가 壬申本에서는 '梁' 가운데 '木'이 결락되어 壞字가 된 것인데, 「天理」에서는 가필

---

104) 金榮華, 전게서, p.125 참조.

105) '替'는 원래 壬申本에서 '潛'의 俗字로 기재된 것인데, 今西龍·李丙煮·「考證」·「對校」·김용옥은 이를 '替'로 판독하였다.

하여 完字로 만들어 놓은 것이다.

　24. 12前, 6, 12;「明'活'山」: 鮮初本의 '活'字가 壬申本에서 '活' 가운데 '水'가 '人'으로 바뀐 異常字로 변형된 것이다.

　25. 12後, 4, 7;「立邦'設'都乎」: 鮮初本의 誤字인 '銳'이 壬申本에서 正字인 '設'로 교정된 것이다.

　26. 13後, 6, 5;「南解居西'干'」: '干'字가 鮮初本에서 자형이 유사한 '千'으로 되어 誤字가 된 것을 壬申本에서 인습한 것이다.

　27. 15後, 3, 17;「久無子'胤'」: '胤'字가 鮮初本·壬申本에서 각각 다른 俗字106)로 기재된 것이다.

　28. 16前, 1, 16;「我本'冶'匠」: 鮮初本의 '冶'字가 壬申本에서 자형이 유사한 '治'로 되어 誤字가 된 것이다.

　29. 16前, 2, 21;「乃取而居'焉'」: '焉'字가 鮮初本에서 俗字107)로 기재되었는데, 壬申本에서는 '爲'의 俗字108)로 변형되어 誤字가 된 것이다.

　이는 壬申本의 筆寫者가 '焉'의 俗字가 '爲'의 俗字와 비슷한데 미혹되어 誤寫한 것으로 생각된다.

　30. 16前, 7, 4;「不敢欺'罔'」: 鮮初本의 '誷'이 壬申本에서 同意 同音 異字인 '罔'으로 변형된 것이다.

　31. 16後, 5, 15左;「'土'含山」: 鮮初本의 '土'字가 壬申本에서 자형이 유사한 '工'으로 되어 誤字가 된 것이다.

　32. 16後, 6, 4右;「'國'祀不絶」: '國'字가 鮮初本·壬申本에서 각각 다른 俗字로 기재된 것이다.

　33. 17前, 3, 17;「'王'擇吉日」: 鮮初本의 '王'字가 壬申本에서 결획으로 인해 誤字인 '土'字로 된 것이다.

---

106) 秦公, 전게서, p.102 참조.
107) 秦公, 전게서, p.174 참조.
108) 秦公, 전게서, p.213 참조.

34. 17前, 4, 6; 「後讓'於'婆娑」: 鮮初本의 '於'字가 壬申本에서 字形이 유사한 '故'로 변형되어 誤字가 된 것이다.

35. 17前, 7, 11; 「細'鳥'女」: 鮮初本의 誤字인 '鳥'字가 壬申本에서 正字인 '鳥'字로 訂正된 것이다.

36. 17前, 10. 18右; 「'日'本帝記」: 鮮初本의 '日'字가 壬申本에서는 '日'字보다는 '月'字에 가깝게 변형되어 誤字가 된 것이다.

37. 17後, 4, 17; 「王遺使人'求'二人」: 鮮初本의 '求'字가 壬申本에서는 俗字[109]로 기재된 것인데, '來'字와 매우 비슷하다.[110]「天理」에서는 가필하여 완전한 '來'字로 만들어 놓은 것이다.

38. 24前, 8, 17; 「'香'氣滿室」: 鮮初本의 '香'字가 壬申本에서 결획으로 인해 '杳'字로 변형되어 誤字가 된 것이다.

39. 24後, 1, 2; 「'授'差執事」: 鮮初本의 '授'字가 壬申本에서는 '授' 가운데 '手'가 '木'으로 변형되어 異常字가 된 것이다.

40. 24後, 4, 18; 「然卽'汝'使鬼衆」: 鮮初本의 '汝'字가 壬申本에서는 '汝' 가운데 '水'가 '人'으로 변형되어 異常字가 된 것이다.

41. 25前, 5, 10右; 「'曰'是眞平王天賜帶」: 鮮初本의 '曰'字가 壬申本에서 誤字인 '日'로 변형된 것이다.

이 역시 '日'이 '曰'의 俗字로 쓰인 용례[111]가 있기는 하나, 여기서는 誤寫로 인해 야기된 誤字로 생각된다.

42. 25後, 2, 11; 「皇龍寺'丈'六」: 鮮初本의 '丈'字가 壬申本에서는 字形이 유사한 誤字인 '文'으로 된 것인데,「天理」에서는 加筆하여 正字인 '丈'으로 만들어 놓은 것이다.

43. 25後, 3, 20·21; 「天'頒''玉'帶」: '頒'·'玉'字가 鮮初本에는 字形이 유사한 誤字인 '頌'··'王'으로 된 것을 壬申本에서 正字인

---

109) 金榮華, 전게서, p.118 참조.
110) 「考證」·김용옥은 이 '求'의 俗字를 '來'字로 誤認하였다.
111) 秦公, 전게서, p.7 참조.

'頒'·'玉'으로 校正된 것이다.

44. 26前, 6, 11; 「後兵一千‘三’百人來」: 鮮初本의 ‘三’字가 壬申本의 傳存되고 있는 諸 板本에서는 ‘三’ 가운데 上劃이 결락되어 讓字인 ‘二’字로 된 것이다.

45. 26前, 7, 15; 「‘某’年某月日」: 鮮初本의 ‘某’字가 壬申本에서는 ‘其’字로 변형되어 誤字가 된 것인데, 「天理」에서는 加筆하여 正字인 ‘某’字로 만들어 놓은 것이다.

46, 27前, 1, 13右; 「‘往’仍請兵」: 鮮初本의 ‘往’字가 壬申本에서는 근래에 사용되고 있는 ‘獨’의 略字112)와 흡사하게 변형되어 異常字가 된 것이다.

47. 27前, 7, 14; 「七曜巡‘万’方」: ‘万’자는 ‘萬’의 俗字113)로서, 鮮初本에 俗字로 기재된 것이 壬申本에서는 字形이 유사한 ‘方’으로 변형되어 誤字가 된 것이다.

48. 27後, 9, 18; 「故背有‘七’星文」: 鮮初本의 ‘七’字가 壬申本에는 字形이 유사한 ‘士’로 변형되어 誤字가 된 것이다.

壬申本의 ‘士’字는 면밀하게 字形을 살펴보면, ‘士’字보다는 ‘七’字가 刻手의 부주의로 인해서 ‘士’字와 흡사하게 誤刻된 것이 아닌가 한다.

49. 28前, 5, 8; 「‘娘’等以美菓饋之」: 鮮初本에서의 同音 誤字인 ‘郎’을 壬申本에서 正字인 ‘娘’으로 교정한 것이다.

50. 29後, 4, 10; 「疇昔之夢傳‘付’於汝」: 鮮初本 「石筆」의 闕字인 ‘付’字가 壬申本에서 補入된 것이다.(앞 1항 참조)

51. 29後, 8, 5; 「豈以細事輕近貴公子‘乎’」: 鮮初本인 石南本(「石筆」)

---

112) 「對校」와 김용옥은 鮮初本의 ‘往’字가 壬申本에서 ‘獨’의 略字와 비슷하게 된 ‘獨’으로 판독하였다. 그러나 字形을 자세히 살펴보면 ‘獨’의 略字하고도 상이할 뿐만 아니라, 壬申本의 字와 비슷한 ‘獨’의 略字가 사용된 것은 近來이기 때문에 이를 ‘獨’의 略字로 인식할 수는 없는 것이다.

113) 金榮華, 전게서, p.152 참조.

의 '乎'字가 壬申本의 底本이 되었던 鮮初本에서는 결획으로 인해 '子'字와 비슷하게 변형되었고, 壬申本에서 이를 그대로 답습하여 '子'字와 흡사한 誤字가 된 것으로 사료된다.(壬申本의 字形은 '子'字로 보기에는 무리가 있다.)

52. 30前, 3, 17;「顔色 '大'變」: 鮮初本의 '大'字가 壬申本에서 字形이 유사한 '火'로 변형되어 誤字가 된 것이다.

53. 30後, 5, 11;「百濟'末'王義慈」: 鮮初本의 '末'字가 壬申本의 현존 제판본에서는 中劃이 결획되어 '木'字와 비슷하게 변형되어 誤字가 된 것이다.「天理」에서는 가필하여 完字로 만들어 놓았다.

54. 31前, 7, 10;「庚申春'二'月」: 鮮初本의 '二'字가 壬申本에서는 '一'로 되어 誤字가 된 것인데,「天理」에서는 가필하여 正字인 '二'字로 만들어 놓은 것이다.

55. 31前, 9, 17;「驚'仆'死者百餘」: 鮮初本의 '什'字가 壬申本에서 字形이 유사한 '什'으로 변형되어 誤字가 된 것이다.

56. 33前, 9, 5;「叔'擅'爲王」: 鮮初本의 '擅'字가 壬申本에서는 字形이 유사한 '什'으로 변형되어 誤字가 된 것인데,「天理」에서는 가필하여 '擅'으로 만든 것이다.

57. 34前, 3, 10右;「已'上'唐史文」: '上'字가 鮮初本에서 '工'으로 되어 誤字가 된 것이 壬申本에서 正字인 '上'으로 교정된 것이다.

鮮初本의 '工'字는 '上'의 俗字가 筆寫者 혹은 刻手의 부주의로 인해서 완전한 '工'字로 변형된 것으로 짐작된다.

58. 34後, 2, 7;「事'必'事古」: 鮮初本의 '必'字가 壬申本에는 '心'으로 되어 誤字가 된 것이다.

59. 34後, 10, 14;「子孫萬'代'」: '代'字가 鮮初本에서 '伐'로 되어 誤字가 된 것을 壬申本에서 正字인 '代'로 정정한 것이다.

60. 34後, 2, 21;「司'□'正卿扶轍隆」: 鮮初本・壬申本 모두 闕字인 것을「天理」에서는 '農'字를 가필하여 넣은 것이다.

61. 35前, 10, 12;「然起兵川等'二'人」: 鮮初本의 '二'字가 壬申本에서는 缺劃으로 인해 '一'로 변형되어 誤字가 된 것이다.

62. 36前, 10, 5右;「其夜京師人望'火'皆謂怪星現於其地」鮮初本의 '火'字가 壬申本에서는 '人'으로 변형되어 誤字가 된 것이다.114)

이상과 같이 附錄 2. '卷一의 文字異同과 旣存 校正本의 校勘 狀況'의 대교표에 의거하여, 모두 62개 항에 걸친 諸 板本(鮮初本인 石南本의 필사본「石筆」및 壬申本)의 文字異同 상태와 그 원인과 경위를 살피고 校勘을 하였다. 이제 이것을 유형별로 분석하면 다음과 같다.

그 유형은 a) 加筆字 b) 誤字 c) 補字 d) 異字 e) 異常字 f) 壞字 g) 俗字 등등으로 나누어지게 되는데, 이 중 b) 誤字는 1) 鮮初本·壬申本 모두의 誤字 2) 鮮初本의 誤字 3) 壬申本의 誤字로 세분된다.

a) 加筆字: 제1, 2, 8, 23, 37, 42, 45, 54, 56, 60항 등 10개 항인데, 모두 壬申本가운데「天理」에서 행해진 것으로서, 제37항은 正字인 '求'에다 가필하여 誤字인 '來'로 만들어 놓은 것이고, 제60항은 鮮初本·壬申本 모두 闕字로 되어 있는 것에 '農'字를 가필하여 넣은 것이며, 제8항은 '去'字가 '玄'字와 비슷하게 되어 있는 것을 완전한 '去'字로 가필한 것이고, 제1항은 誤字인 '注'옆에다 正字인 '生'을 가필한 것이고, 제2항은 異常字에다 가필하여 正字인 '昊'로 만든 것이며, 제23항은 壞字에다 가필하여 正字인 '梁'으로 만든 것이다. 나머지는 誤字에다 가필하여 正字로 만들어 놓은 것이다. 이것의 용

---

114) 이에 대해서 崔南善은 '火人'으로 교정하였다. 아마도 鮮初本의 '火'와 壬申本의 誤字인 '人'을 둘 다 취합한 것인데, 혹 鮮初本에서 '人'이 闕하고, 壬申本에서는 '火'가 闕한 것으로 생각하여 이와 같이 교정한 것이 아닌가 한다. 그러나 36前, 10行의 字數가「遺事」의 일반적인 字數인 21字인 것으로 볼 때, 鮮初本이나 壬申本에서 闕字는 없었던 것으로 생각된다. 결국 壬申本의 '人'은 鮮初本 '火'의 誤字로 보아야 타당한 것이다.

례는 다음과 같다.(괄호 안은 板本의 原字이다.)

    1항의 ‘生’(注)   2항의 ‘昊’(?)   8항의 ‘去’(玄)   23항의 ‘梁’(?)
    37항의 ‘來’(求)   42항의 ‘丈’(文)   45항의 ‘某’(其)   54항의 ‘二’(一)
    56항의 ‘擅’(檀)   60항의 ‘農’(?)

  b) 誤字
1) 鮮初本・壬申本 모두의 誤字: 제1, 26항 등 2개 항이다. 이것은 鮮初本
의 誤字를 壬申本에서 그대로 답습한 것이다. 용례는 아래와 같다.(괄호
안은 正字이다.)

    1항의 ‘注’(生)   26항의 ‘千’(干)

  2) 鮮初本의 誤字: 제19, 20, 25, 35, 43, 49, 57, 59항 등 8개 항이다.
이는 鮮初本의 誤字가 壬申本에서 正字로 정정된 것이다. 용례를 보면 다
음과 같다.(괄호 안은 正字이다.)

    19항의 ‘右’(名)   20항의 ‘工’(上)   25항의 ‘說’(設)
    35항의 ‘鳥’(鳥)   43항의 ‘頌’(頒)   43항의 ‘王’(玉)
    49항의 ‘郎’(娘)   57항의 ‘工’(上)   59항의 ‘伐’(代)

  3) 壬申本의 誤字: 제6, 12, 13, 14, 15, 17, 18, 21, 28, 29, 31, 33,
34, 36, 38, 41, 42, 44, 45, 47, 48, 51, 52, 53, 54, 55, 56, 58, 61, 62
항 등 30개 항이다. 이는 鮮初本의 正字가 壬申本에 와서 誤字로 된 것인
데, 그 원인은 대부분 筆寫者의 誤寫에 연유된 것이고, 간혹 刻手의 誤刻
에 기인된 것으로 생각된다.
  또한 어떤 것은 壬申本의 底本에서 缺劃으로 인해 誤字가 된 것을 壬申本에
서 그대로 답습된 것과 壬申本 자체에서 板木의 완결로 인한 缺劃 때문에 誤字로

변형된 것이다. 용례는 다음과 같다.(괄호 안은 正字이다.)

6항의 ‘國’의 俗字’(因의 俗字)	12항의 ‘二’(三)	13항의 ‘二’(三)
14항의 ‘大’(火)	15항의 ‘俠’(淚)	17항의 ‘言’(高)	18항의 ‘知’(私)
21항의 ‘伐’(代)	28항의 ‘治’(冶)	29항의 ‘爲의 俗字’(焉의 俗字)
31항의 ‘工’(土)	33항의 ‘土’(王)	34항의 ‘故’(於)	36항의 ‘月’(日)
38항의 ‘杏’(香)	41항의 ‘日’(曰)	42항의 ‘文’(丈)	44항의 ‘二’(三)
45항의 ‘其’(某)	47항의 ‘方’(万)	48항의 ‘土’(七)	51항의 ‘子’(乎)
52항의 ‘火’(大)	53항의 ‘木’(末)	54항의 ‘一’(二)	55항의 ‘什’(仆)
56항의 ‘檀’(擅)	58항의 ‘心’(必)	61항의 ‘一’(二)	62항의 ‘人’(火)

c) 補字: 제1, 50항 등 2개 항으로, 제1항의 ‘炎’, 제50항의 ‘付’ 등은 鮮初本인 「石筆」에서 闕字로 되어 있는 것이 壬申本에서 補入된 字이다. 혹은 壬申本의 底本에 있던 字가 「石筆」의 底本인 石南本에 와서 闕字가 된 것일 가능성도 배제할 수는 없다 하겠다.(그렇다면 이것은 鮮初本인 石南本의 闕字가 되는 것이다.)

d) 異字(同意異字): 제11, 16, 30항 등 3개 항으로, 鮮初本의 字가 壬申本에서 同字同音 異字로 변형된 것이다. 용례는 아래와 같다. (괄호 안은 鮮初本의 字이다.)

11·16항의 ‘太’(大)   30항의 ‘罔’ (誷)

e) 異常字: 제2, 4, 24, 39, 40, 47항 등 6개 항이다. 이 중 제2항은 鮮初本의 異常字를 壬申本에서 답습한 것이고, 나머지는 鮮初本의 正字가 壬申本에서는 誤字에 가까운 異常字로 변형된 것이다.

f) 壞字: 제23항 1개 항으로 鮮初本의 正字가 壬申本에서 缺劃으로 인해 壞字가 된 것이다.

g) 俗字: 제3, 6, 10, 22, 27, 32, 37항 등 7개 항으로, 鮮初本에 正字 혹은 俗字로 기재된 것이 壬申本에서 正字는 俗字로, 俗字는 또 다른 俗字로 기재된 것이다. 이들은 간혹 俗字가 아닌 誤字로써 인식될 수 있는 여지가 있는 것들이다.

위와 같이 '卷一'에 대해서 모두 63개 항에 이르는 문자이동의 유형을 종합하여 表로 만들면 다음과 같다.

<표 4> '卷一'에 대한 鮮初本 · 壬申本의 文字異同 類型

文字異同 \ 板本 의 類型	鮮初本 · 壬申本	鮮初本	壬申本	備　　　考
加筆字			10	「天理」
誤字	2	8	30	
壞字		2	1	
異字			3	
補字			2	
俗字			7	
異常字	1		6	
計	3	10	59(49)	(49)는 加筆字를 뺀 數字임

'卷一'에 대해서 이상과 같은 문자이동을 통하여 鮮初本이 壬申本으로 전승되는 과정에서 다음과 같은 현상이 고찰되었다.

壬申本에서는 鮮初本의 誤字와 闕字 등이 그대로 답습되거나, 간혹 校正 補入되었고, 筆寫者와 刻手의 오류 및 底本에서의 결획이 인습되거나 壬申本 자체의 결획으로 인해서 誤字가 야기되었다. 그리고 筆寫者의 부주의로 인해서 異常字도 발생되었으며 또한 筆寫者의 취향에 따라 鮮初本의 正字 · 俗字가 壬申本에서는 俗字 혹은 또 다른 俗字로 기재되었던 것이다.

3. 卷二의 對校

여기에서는 鮮初本인 泥山本(「泥山」) 1種과 壬申本인 「서울」·「天理」·「晚松」·「蓬左」 등 4種 도합 5種의 板本을 가지고 '卷二'를 對校하고자 한다.115) 먼저 '卷二'의 내용을 살펴보면 아래와 같다.

1) '卷二'의 內容

'卷二'의 내용은 卷一에 編在되어 있는 紀異('古朝鮮'부터 '長春郎 罷郎'까지의 36항목)의 후반부로서 '文虎王法敏'부터 '駕洛國記'까지 모두 23항목이다. 즉 '文虎王法敏', '萬波息笛', '孝昭王代 竹旨郎', '聖德王', '水路夫人', '孝成王', '禁德王 忠談師 表訓大德', '惠恭王', '元聖大王', '早雪', '興德王 鸚鵡', '神武大王 閻長 弓巴', '四十八景 文大王', '處容郎', '望海寺', '眞聖女大王 居陀知', '孝恭王', '景明 王', '景哀王', '金傅大王', '南扶餘 前百濟', '武王', '後百濟 甄萱', '駕洛國記' 등등인데, 이것들은 대부분 民間에서 전하고 있는 說話를 그대로 실은 것이다.116)

---

115) '卷二'의 對校에 있어서 根幹이 되는 판본은 泥山本이다. 이 印本은 1990년 9월에 南權熙가 學界에 소개한 것으로 氏에 의해서만 연구되었다 (南權熙, 전게 논문).

116) 鄭求福, <三國遺事의 史學史的 考察>, 「三國遺事의 綜合的 檢討」, 精文硏, 1987, p.14.

2) 傳存本의 對校를 통한 校勘

傳存本의 대교를 통해서 나타난 文字異同을 살펴보면, 附錄 3, '卷二의 文字異同과 旣存 校正本의 校勘 狀況'의 對校表와 같다. 이제 이 대교표에 의거하여 文字異同의 원인과 경위를 분석하여 교감하면 다음과 같다.

1. 1前, 6, 8[117]); 「王統兵'與'仁問軟純等至平」[118]): 對校表에 보이는 '興'字는 '與'의 俗字[119])로서 결획된 壞字인데, 아마도 原刊本의 '興'字가 鮮初本인 「泥山」에 와서 결획이 되었고, 이를 壬申本에서 그대로 인습한 것으로 생각된다.[120])

2. 1前, 10, 10; 「蕭銅業爲扶 '餘'道摠管」: 鮮初本에 '餘'의 俗字[121])로 기재되었고, 이를 다시 壬申本에서 답습한 것이다.

3. 1後, 2, 1;「高'麗'」: 鮮初本의 '麗'字가 壬申本에 와서 결획이 되어 壞字인 '麗' 로 되었다. 이 같은 缺劃은 壬申本에서 板木의 완결로 인해 후에 생긴 결획이 아니라, 壬申本이 重刊될 당시 筆寫者나 刻手의 실수로 처음부터 결획이 된 것[122])으로 짐작되는 것이다.

4 1後, 3, 2; 「'薛'仁貴」: '薛'字가 鮮初本에 俗字[123])로 기재된 것

---

117) 「遺事」가운데 本 章에서 고찰하는 '卷二'의 校勘 對象字의 張·面·行·字數로서 「遺事」의 板本(鮮初本과 壬申本은 동일한 體制임)의 '卷二'에서의 位置이다.

118) 이 例文은 筆者의 편의대로 부분적으로 인용해 놓은 것이고, ''의 字는 필자가 校勘한 字이다.

119) 金榮華 編, 「韓國俗字譜」, 亞細亞文化社, 1986, p.175 참조.

120) 이러한 類型의 文字異同은 '卷二' 전체를 통해서 많은 例가 보이지만, 본 대교표에서는 극히 일부만 推錄한 것이다. 다른 項目에서도 중복되는 文字異同은 한 두가지만 採錄하였다.

121) 金榮華, 전게서, p.239 참조.

122) 반면에 壬申本에 와서 板木의 완결로 인해 缺劃이 되었을 가능성도 배제할 수는 없다.

123) 金榮華, 전게서, p.183 참조.

을 壬申本에서 그대로 답습한 것이다.

5. 1後, 8, 10; 「'與'新羅金庾信等」: 鮮初本의 誤字인 '興'字를 壬申本에서 답습한 것이다.124)

6. 2前, 3, 17; 「王甚'悼'之」: '悼'字가 壬申本에서 모두 결획을 보이고 있으나 「天理」에서는 가필을 하여 '憚'字로 변형시켜 놓았다. 「天理」의 이러한 加筆字를 後學이 原字로 안식하기도125) 하였다.

7. 2前, 7, 9; 「廻'槧'海上」: 鮮初本의 '塹'字가 壬申本에서는 '土'가 '木'으로 되어 결국 誤字인 '槧'字로 되었다.126)

8. 2後, 1, 15右; 「國史 '云'……」: 鮮初本의 '云'字가 壬申本에서는 筆寫者의 誤寫 혹은 刻手의 誤刻으로 인해서 字形이 유사한 '大'로 변형되어 誤字가 된 것이다.127)

9. 2後, 4, 8; 「'再'發大兵」: 鮮初本의 '再'字가 壬申本에서는 俗字128)로 변형된 것이다.(혹은 板木의 완결로 인해서 생긴 壞字로 생각할 수도 있겠다). 「天理」에서는 이를 誤字로 인식한 듯, 가필하여 또 다른 俗字로 만들어 놓았다.

10. 2後, 10, 2; 「必先行香'於' 皇帝……」: 壬申本에서의 壞字인 '於'字를 「天理」에서는 가필하여 完字로 만들어 놓았다.

11. 2後, 10, 8; 「其'使'立於門前曰」: 鮮初本의 '使'字가 壬申本에서 誤寫 혹은 誤刻으로 인해 異常字로 된 것이다.

12. 3前, 7, 8; 「'改'爲彌陀道場」: '改'字가 鮮初本에서 '改'字 가운

---

124) 여기에 대해서 종래의 校訂本들은 다음과 같이 교정하였다.
李丙燾·「考證」·김용옥은 '興(與)'로, 今西龍은 '興'으로, 崔南善·「對校」는 '與'로 교감하였다.

125) 모든 교정본에서 '憚'으로 교감하였는데 (김용옥은 '悼(憚)'으로 교감함), 이는 「天理」에서 행해진 加筆字 '憚'에 현혹된 誤校로 생각된다. 南權熙 역시 이 '憚'字를 加筆字가 아닌 原字로 인식한 듯하다(南權熙, 전게서, p.227 참조).

126) 교정본은 모두 壬申本의 '槧'字를 正字로 인식하였다.

127) 「考證」·「對校」·김용옥만이 '云'字로 교정하였다.

128) 金榮華, 전게서, p.19 참조.

데 '巳'가 '日'과 비슷하게 변형되어 異常字로 된 것을 壬申本에서 그대로 답습한 것이다.

13. 3後, 8, 16; 「災害 '未'消」: '未'字라기보다는 '末'字에 가깝게 된 것을 「天理」에서는 가필하여 완전한 '未'字로 만들어 놓은 것이다.

14. 3後, 8, 21; 「王於是'正'罷其役」: '正'字를 「天理」에서는 가필 하여 식별할 수 없는 字로 만들어 놓았다.129)

15. 4前, 1, 15; 「一女三'子'」: 鮮初本의 '子'字가 壬申本에서는 '子' 字 중 윗획이 결획되어 壞字이자 誤字인 '丁'字로 변형된 것을 「天理」 에서는 가필하여 正字인 '子'字로 만든 것이다.

16. 4前, 2, 6; 「又'伐'高麗」: 鮮初本의 '伐'字가 壬申本에서 결획 으로 인해서 壞字이자 誤字인 '代'字로 되었는데, 「天理」에서는 가필 하여 正字인 '伐'字로 만들어 놓았다.

17. 4前, 4, 21; 「示民'間'搖役之勞逸」: '間'字가 鮮初本에서 결획 으로 인해 誤字인 '問'字로 된 것을 壬申本에서 인습한 것이다.130)

18. 4前, 5, 6; 「'租'賦之輕重」: 鮮初本에서 字形의 유사함으로 인 한 '租'의 誤字인 '祖'자를 壬申本에서 답습한 것이다.131)

19. 4前, 7, 2; 「阿瑟羅州今'溟'州」: '溟'字가 壬申本에서는 결획을 보이고 있는데, 「天理」에서는 가필하여 完字로 만들었다.

20. 4前, 7, 15; 「至於'武'珍州」: 鮮初本·壬申本에서 極微하게 결 획된 것을 壬申本「天理」에서는 가필하여 完字로 만든 것이다.

21. 4前, 8, 2; 「巡行里'閈'」: 鮮初本의 '閈'字가 壬申本에서 板木 의 완결로 인해 결획된 것을 「天理」에서는 가필하여 完字로 만들어 놓았다.

22. 4前, 10, 8; 「何以'旅'人同宿」: 鮮初本의 '旅'字가 壬申本에서

---

129) 「考證」은 '?(正)'으로, 崔南善은 '□'으로, 나머지는 모두 '正'으로 교감하였다.
130) 今西龍은 誤字인 板本의 '問'字를 수용하고, 나머지는 모두 '間'으로 교정하였다.
131) 「考證」·김용옥은 '祖(租)'로, 나머지는 모두 '租'로 교정하였다.

板木의 완결로 인해 '方'만이 인쇄되었는데, 「天理」에서는 對校表에 보이듯이 '於'字로 개조해 놓은 것이다.132)

23. 4後, 9, 20; 「'武'珍州」: 20項과 같은 「天理」에서의 加筆字이다.

24. 5前, 1, 10; 「具饌至五'十'味」: 壬申本에서의 壞字인데, 「天理」에서는 가필하여 完字로 만든 것이다.

25. 5前, 3, 13; 「下種三'石'」: 鮮初本의 壞字를 壬申本에서 답습한 것이다.

26. 5前, 4, 5; 「否卽亦 '否'云」: 鮮初本의 '否'字가 壬申本에서는 板木의 완결로 인해 결획되어 '石'字와 비슷하게 되었다. 이를 「天理」에서는 가필하여 完字로 만든 것이다.

27. 5前, 9, 12左; 「後見龍現'處'」: 鮮初本에서 '處'의 俗字가 壬申本에서는 결획되어 '父'字와 비슷한 壞字로 되었다.

28. 5後, 2, 3; 「命日官金春質'占'之」: '占'字의 異體字인 것을 「天理」에서는 가필하여 '占'字로 만든다는 것이 오히려 異常한 字로 된 것이다.

29. 5後, 2, 16; 「'抑'又金公庾信」: 鮮初本에서 '抑'字가 '柳'字와 비슷하게 되어 誤字가 된 것을 壬申本에서 답습한 것이다.

30. 5後, 6, 14; 「'使'來奏之」: 壬申本에서 결획되어 壞字가 된 것을 「天理」에서는 가필하여 完字로 만들어 놓은 것이다.

31. 7前, 4, 21; 「珍節'舍'知」: 鮮初本의 壞字를 壬申本에서 인습한 것이다.

32. 7前, 5, 11; 「朝'廷'花主」: 鮮初本에서 '廷'字가 異常字로 변형된 것을 壬申本에서 답습한 것이다.

33. 7前, 10, 1; 「'圎'測法師」: '圎'는 圓의 俗字133)로서 鮮初本에서 缺劃되어 壞字로 된 것이 壬申本에서 完字로 訂正된 것이다.

---

132) 모든 교정본이 「天理」에서 행해진 加筆字'於'字를 原字로 인식하였다.
133) 金榮華, 전게서, p.38 참조.

34. 7後, 4, 17; 「驚怪'尤'甚: 鮮初本의 '尤'字가 壬申本에서 결획
되어 壞字가 된 것을 「天理」에서는 가필하여 完字로 만든 것이다.

35. 7後, 5, 2; 「'問'其居士安否」: 鮮初本의 '問'字가 壬申本에서
결획되어 「天理」, 「蓬左」에서는 오히려 '同'字와 비슷한 字로 인쇄된
것이다.134)

36. 7後, 7, 11; 「'安'於塚前」: 對校表에 보이는 字는 '安'의 俗
字135)인데, 「天理」에서는 가필하여 正字로 만든 것이다.

37. 8前, 2, 17; 「墮'支'行齊」: 鮮初本의 '支'字가 壬申本에서 결획
된 것을 「天理」에서는 가필하여 完字로 만들었다.

38. 8前, 3, 4; 「目煙廻於'尸'」: 鮮初本에서 '尸'字가 결획되어 壞
字가 된 것을 壬申本에서 그대로 답습한 것이다.

39. 8前, 10, 2; 「太宗大'王'」 '王'字가 壬申本에서 결획된 것인데,
「天理」에서는 가필하여 完字로 만들었다.

40. 8後, 3, 11; 「江陵'大'守」: 鮮初本·壬申本 모두 '大'字인 것을
「天理」에서는 가필하여 '太'로 만든 것이다.

41. 8後, 3, 13; 「今'溟'洲」: '溟'字가 鮮初本에서 결획되어 壞字가
된 것을 壬申本에서 답습한 것인데, 「天理」에서는 가필하여 完字로
만들었다.

42. 8後, 4, 20; 「公之'夫'人水路見之」: 鮮初本·壬申本에 모두
'夫'字로 되어 있는 것을 「天理」에서는 가필하여 誤字인 '未'字로 만
든 것이다.

43. 9前, 2, 4; 「'日'七寶宮殿」: '日'字가 鮮初本에서 '四'字로 誤字
가 된 것을 壬申本에서 답습한 것인데, 「天理」에서는 가필하여 正字
인 '日'로 만들어 놓은 것이다.

---

134) 「考證」에서는 「天理」에서 나타난 '同'과 비슷하게 인쇄된 것을 原字로 인식한
듯 '同(問)'으로 교감하였고, 「對校」에서도 이 '同'字를 原字로 인식하였다.
135) 金榮華, 전게서, p.51 참조.

44. 9後, 7, 3; 「時'或'現待於殿庭」: 鮮初本의 '或'字가 壬申本에서 결획된 것을 「天理」에서는 가필하여 完字로 만든 것이다.

45. 11前, 1, 4; 「諡禁垂'太'后」: 40項과 같은 例이다.

46. 11前, 9, 18; 「訓師之說'驗'矣」: 鮮初本에서 쓰인 '驗'字의 희귀한 俗字가 壬申本에서 그대로 수용된 것이다.

47. 11後, 1, 12; 「'終'爲宜德與金良相所弑」: 鮮初本의 '終'字가 壬申本의 底本에 와서는 결획이 되어 壬申本에서는 '終'字보다는 '修'字에 가깝게 板刻된 것이다.[136)]

48. 12後, 1, 11; 「于'時'」: 鮮初本의 '時'字가 壬申本에서 缺劃을 보이고 있는데, 「天理」에서는 가필하여 完字로 만들었다.

49. 12後, 1, 16; 「'或'本餘山」: 鮮初本에서 '或'字가 결획된 것을 壬申本에서 답습한 것인데, 「天理」에서는 가필하여 完字로 만든 것이다.

50. 12後, 3, 2; 「公所'忌'何事」: 「'忌'字가 「天理」에서만은 '思'字와 비슷하게 인쇄된 것이다. 아마도 「天理」의 인출 시 이물질이 끼어 인쇄된 결과로 생각된다.

51. 12後, 10, 1; 「上'宰'之徒衆」: 鮮初本의 壞字를 壬申本에서 답습한 것이다.

52. 13前, 3, 3; 「憲平'大'子」: 40項과 같은 예이다.

53. 13後, 10, 13; 「王'一'日請皇龍寺……」: 壬申本의 壞字인데, 「天理」에서는 가필하여 完字로 만든 것이다. 「泥山」에는 '一'字가 약간 결획을 보이고 있지만, 아마도 壬申本의 底本이 되었을 鮮初本에는 壬申本의 결획과 같이 심하게 결획되어 있었을 것으로 짐작된다. 결국 壬申本의 결획은 후에 冊板의 마멸이나 이지러진 결과로 생긴 결획이 아니라, 처음부터 '一'字가 壬申本 같이 缺劃字로 되어 있었을

---

136) 崔南善·「考證」은 '修'로, 今西龍·「對校」는 '終'으로, 李丙燾·김용옥은 '修(終)'으로 교감하였다.

底本의 缺劃字를 그대로 답습하여 板刻된 缺劃字로 생각되는 것이다. 즉 54項의 '口'字와 동일한 유형으로 보인다.

54. 13後, 10, 14;「王一'日'請皇龍寺」: '日'字가 鮮初本에서 결획되어 壞字인 '口'字로 변형된 것을 壬申本에서 인습한 것인데,「天理」에서는 가필하여 正字인 '日'字로 만들었다.

55. 13後, 10, 20;「注'或'本云」: 49項과 같은 例이다.

56. 14前, 3, 1右;「因大賢法師'得'名」: 鮮初本의 壞字를 壬申本에서 답습한 것인데,「天理」에서는 가필하여 完字로 만든 것이다.

57. 15前, 9, 20;「我有'不'同天之讐」: 56項과 같은 用例이다.

58. 16前, 1, 4;「復命'日'已斬弓巴矣」: '日'字가 鮮初本・壬申本에서는 '日'字에 가까운 誤字가 된 것을「天理」에서는 가필하여 正字인 '曰'字로 만든 것이다.

59. 16前, 3, 17;「憲王'大'王」: 53項과 같은 용례이다.

60. 21前, 6, 6;「金'傳'大王」: 鮮初本의 誤字 '傳'字를 壬申本에서 正字인 '傅'字로 訂正한 것이다.

61. 21後, 2, 6;「乃'命'左右索王」: 53項과 같은 용례임.

62. 21後, 4, 6;「乃立王之族弟'傅'爲王」: 60項과 같음.

63. 21後, 8, 14;「因'泫'然涕泣」: '泫'字가 鮮初本에서 字形이 유사한 誤字인 '泣'字로 된 것을 壬申本에서 답습한 것인데,「天理」에서는 가필하여 正字인 '泫'으로 만들어 놓았다.

64. 21後, 9, 3;「'太'祖亦流涕」: 鮮初本의 '太'字가 壬申本에서는 同意同音 異字인 '大'로 된 것인데,「天理」에서는 가필하여 '太'字로 만든 것이다.

65. 22前, 1, 17;「錦衫'鞍'馬」: 鮮初本에서 '鞍'字 가운데 '安'이 俗字로 기재되었고. 壬申本에서는 더욱 간략한 俗字로 변형된 것이다.

66. 22前, 4, 13;「國之存'亡'必有天命」: 鮮初本・壬申本 모두 '亡'字로 되어 있는 것을「天理」에서는 가필하여 誤字인 '王'字로 만들

어 놓은 것이다.137) (혹은 「天理」의 인출 시 이 부분이 진하게 먹이 묻어 '亡'字가 '王'으로 인쇄된 것일 수도 있겠다.)

67. 22前, 10, 7; 「'太'祖受書」: 64項과 같음.

68. 23前, 1, 12; 「葬貞'陵'」: '陵'字의 俗字138)가 鮮初本에서 異常字로 변형되었고, 壬申本에서는 더욱 심한 異常字로 되었는데, 「天理」에서는 가필하여 正字로 만든 것이다.

69, 23前, 1, 17; 「生一子安'宗'也」: 鮮初本의 壞字가 壬申本에서 正字로 訂正된 것이다.

70. 23前, 2, 21; 「聘政承公之女爲'妃'」: 「서울」에서만은 '妃'字 가운데 '巳'가 '巴'로 인쇄된 것인데, 아마도 「서울」의 인출 시 이물질이 끼어 인쇄된 결과로 추측된다.

71. 23前, 3, 6; 「是爲憲承皇'后'」: 壬申本 가운데 「서울」을 '제외한 판본에서 나타난 결획인데, 「天理」에서는 가필하여 完字로 만든 것이다.

72. 23前, 3, 21; 「戊'寅'崩」: 53項과 같은 용례임.

73. 23前, 10, 3; 「'拘'入胸襟」, 「鮮初本의 '拘'字가 壬申本에서 壞字가 되었는데, 「天理」에서는 가필하여 誤字인 '恂'字로 만들어 놓은 것이다.139)

74. 23前, 10, 12; 「撮'歸'指掌」, 「對校表에 보이는 것은 '歸'字의 俗字140)인데 약간 잘못 변형된 것이다. 「天理」에서는 그 옆에다 正字를 가필해 놓았다.

75. 23前, 10, 18; 「我太祖('始'修睦隣)之好」: 鮮初本의 '項'字가 壬申本에서는 '須'字와 비슷한 字로 변형되었다.141)

137) 「考證」만이 「天理」에서 행해진 加筆字를 原字로 인식하여 '王'으로 교감했다.
138) 金榮華, 전게서, p.229 참조.
139) 김용옥만이 '拘'로 바른 교정을 하였고, 나머지 모든 교정본에서는 「天理」에서 행해진 加筆字'恂'을 原字 혹은 正字로 인식하는 誤校를 범하였다.
140) 金榮華, 전게서, p.115 참조.

76. 23後, 3, 11;「推忠‘愼’義崇德守節功臣號」: ‘愼’字를 「天理」에
서는 가필하여 誤字인 ‘順’字로 만들어 놓은 것이다.

77. 24後, 1, 11;「幾何其不亂且‘亡’也」: 鮮初本・壬申本 모두 ‘亡’
字로 되어 있는데, 「天理」에서만은 ‘三’字로 되어 있다. 이 역시 加
筆로 인한 誤字로 생각된다.142)

78. 24後, 2, 16;「置酒燕‘衍’」: 鮮初本의 ‘衍’字가 壬申本에서는
誤字인 ‘衛’字로 된 것이다.143) 이는 鮮初本의 ‘衍’字가 壬申本의 底
本에서는 壞字가 되어 壬申本의 筆寫者에 의해서 ‘衛’字로 誤寫된
것으로 짐작된다.

79. 24後, 9, 1;「其子孫亦繁‘衍’」: 鮮初本의 ‘衍’字가 壬申本에서
異常字로 변형되었는데, 「天理」에서는 가필하여 正字로 만든 것이다.

80. 25後, 5, 18;「百濟扶‘餘’之別種」: ‘餘’字가 鮮初本에서 ‘夫’로
변형되어 誤字가 된 것을 壬申本에서 답습한 것이다.144)

81. 25後, 5. 21;「別‘種’」: ‘種’字가 鮮初本에서 ‘程’으로 誤字가
되었고, 이를 壬申本에서 그대로 인습한 것이다. 「天理」에서는 가필
하여 正字인 ‘種’으로 만들어 놓았다

82. 25後, 8, 2;「始‘祖’溫祚」 鮮初本의 ‘組’字가 壬申本에서는 字
形이 유사한 誤字인 ‘租’로 되었다. 「天理」에서는 가필하여 正字인
‘祖’로 만들어 놓은 것이다.

83. 26前, 8, 1;「登‘負’兒岳」 ‘負’字가 鮮初本에서 ‘刀’가 ‘力’으로
변형되어 異常字로 되었는데 壬申本에 와서 正字인 ‘負’字로 바로

---

141) 뒤의 제151項 참조.
142) 「考證」만이 「天理」를 따라 ‘三’으로 교감하였다. 한편 「天理」의 ‘三’字는 ‘亡’
    字가 결획되어 ‘三’으로 인쇄된 것으로 유추할 수도 있겠지만, 「天理」보다 후
    에 인출된 「蓬左」에서도 확연한 ‘亡’字를 확인할 수 있어 그러한 가능성은 없
    다 하겠다.
143) 崔南善・李丙燾・「對校」는 ‘衛’로, 「考證」・김용옥은 ‘衛(衍)’으로, 今西龍은
    “衛當作衍”으로 교감하였다.
144) 「考證」은 ‘夫(余)’로 교정하였고, 나머지는 모두 ‘餘’로 교정하였다.

잡힌 것이다.

84. 26前, 8, 1;「'土'濕水鹹」: 鮮初本의 誤字인 '士'字가 壬申本에서 正字인 '土'字로 訂正된 것이다.

85. 26後, 2, 21;「卒'本'扶餘」: 鮮初本의 '本'字가 壬申本에서는 '本'의 古字로 변형된 것이다.

86. 26後, 9, 19;「'討'平之」: 鮮初本의 '討'字가 壬申本에서 결획으로 인해 誤字인 '訂'字로 변형된 것인데, 「天理」에서는 가필하여 正字인 '討'로 만들어 놓은 것이다.

87. 27後, 7, 21;「池龍'交'通而生」: 鮮初本의 '交'字가 壬申本에서 결획으로 인해 娛字인 '文'字로 된 것이다.[145] 「晩松」에서는 가필하여 正字인 '交'字로 만들어 놓았다.

88. 28後, 4, 16;「王與'夫'人」: 鮮初本의 '夫'字가 壬申本에서는 결획으로 인해 壞字인 '十八'로 되었다. 「天理」에서는 가필하여 正字인 '夫'로 만들어 놓은 것이다.

89. 29前, 4, 4右;「'今'尙州」: 鮮初本에서 결획이 된 것을 壬申本에서 그대로 답습한 것인데, 「天理」에서는 가필하여 完字로 만든 것이다.

90. 29前, 7, 8;「元'善'」: 53項과 같은 용례임.

91. 29後, 4, 6;「壬'子'稱王」: 53項과 같은 용례임.

92. 29後, 5, 10;「萱之三子'簒'逆」: '簒'字가 鮮初本에서 '箕'와 '系'를 합해 놓은 字처럼 변형된 것을 壬申本에서 답습한 것이다.

93. 29後, 6, 21;「百濟敗績國'亡'云」: 66項과 같은 例이다.[146]

94. 31後, 9, 18;「先'著'祖鞭」: 鮮初本의 '著'字가 壬申本에서는 결획이 되어 '者'字와 비슷하게 되었는데, 「天理」에서는 가필하여 正

---

145) 「考證」・김용옥은 '文(交)'로, 나머지는 모두 '交'로 교정하였다.
146) 「考證」은 「天理」에서 행해진 加筆字를 原字로 인식하여 '王(亡)'으로, 今西龍은 "亡原本作王"으로 교감하였다.

字인 '著'로 만든 것이다.

95. 32前, 4, 14; 「'左'將金樂」: '左'字가 鮮初本에서 俗字로 기재
되어 있는 것을 壬申本에서 인습한 것이다.

96. 32前, 9, 13; 「赴卿本'道'」: '道'字를 「天理」에서는 가필하여
誤字인 '邃'으로 만들어 놓은 것이다.147)

97. 32前, 10, 20; 「……'卽'欲祗承」: '卽'字를 「天理」에서는 가필
하여 誤字인 '耶'字로 만든 것이다.

98. 32後, 1, 4; 「但'慮'足下欲罷不能」: 鮮初本의 '盧'字가 壬申本
에서는 모두 결획되었는데, 「天理」에서는 가필하여 誤字인 '虜'字로
만들어 놓았다.148)

99. 33前, 3, 11; 「拱手'陳'辭」: '陳'字가 鮮初本에서 결획되어 壞
字가 되었고, 이를 壬申本에서도 그대로 답습한 것이다.

100. 33後, 9, 7; 「數'百'人捐驪」'百'字가 壬申本에서 결획되어
壞字이자 誤字인 '石'字로 변형되었는데, 「天理」에서는 가필하여 正
字인 '百'으로 만든 것이다.

101. 33後, 9, 20·21; 「'直心'等」: 鮮初本의 '直心'이 壬申本에서
「서울」을 제외한 모든 판본에서는 板木의 완결로 인해 결획이 되어
'古公'과 비슷하게 인쇄가 되어 誤字가 된 것이다.

102. 34前, 2, 9; 「'雪'張耳千般之恨」: '雪'字가 鮮初本에는 俗
字149)로 기재되었는데, 壬申本에서는 '靈'의 俗字150)로 변형되어 誤
字가 된 것이다.

103. 34前, 4, 20; 「特出綸於'丹'禁」: 鮮初本의 '丹'字가 壬申本에
서 字形이 유사한 '舟'字로 되어 誤字가 된 것이다.

---

147) 「考證」은 이 加筆字를 原字로 인식하여 '遺(道)'로 교감하였다.
148) 「考證」은 이 加筆字도 原字로 인식하여 '虜'로, 또한 今西龍은 "盧原本作虜"로
교감하였다.
149) 金榮華, 전게서, p.232 참조.
150) 秦公 編, 「碑別字新編」, 文物出版社, 1985, p.475 참조.

104. 34前, 6, 3; 「'抑'可紹東海之絶緒」: 29項과 같음.

105. 34後, 4, 12; 「萱'謂'子曰」: '謂'字가 鮮初本에서 결획으로 인해 '胃'字로 되어 誤字가 된 것을 壬申本에서 그대로 답습한 것이다.

106. 35前, 3, 1; 「'武'州都督」: 高麗 惠宗의 諱인 '武'字에 대한 鮮初本의 避諱 缺劃字를 壬申本에서 인습한 것인데, 「天理」에서는 刪削을 가해 '正'으로 만들어 誤字가 된 것이다.

107. 35前, 4, 6; 「'清'泰二年」: 鮮初本의 '清'字가 壬申本에서 결획으로 인해 字形이 유사한 同音異字 '清'字로 변형되었는데, 「天理」에서는 가필하여 正字인 '清'으로 만든 것이다.

108. 35前, 9, 14; 「失父涕'湅'泗」: 鮮初本의 '湅'字가 壬申本에서는 결획되어 壞字이자 誤字인 '連'字로 된 것이다.(모든 校正本에서 壬申本의 '連'字를 正字로 인식하였다.)

109. 35後, 7, 5; 「以事逆子'卽'……」: 鮮初本의 '卽'字가 壬申本에서는 字形이 유사한 誤字인 '耶'字로 변형된 것이다.

110. 36後, 1, 20; 「望兵勢'大'而整」: '大'字가 鮮初本에서 字形이 유사한 '火'字로 변형되어 誤字가 된 것을 壬申本에서 正字인 '大'字로 訂正한 것이다.

111. 37後, 1, 21; 「李密之'雄'才」: '雄'字가 「天理」에서는 '椎'字처럼 인쇄된 것이다.[151]

112. 38前, 2, 2; 「九'干'等云」: 鮮初本의 '干'字가 壬申本에서는 字形이 유사한 誤字인 '于'字로 된 것이다.

113. 38前, 7, 6; 「唯紫繩自天垂而'著'地」: 鮮初本의 '著'字가 壬申本에서는 한 劃이 더해져 '著'과 '着'의 중간 형태의 字로 변형된 것이다.[152]

114. 38前, 10, 11; 「聚集'開'合」: 鮮初本의 '開'字가 壬申本에서는

---

151) 「考證」에서는 '椎 (雄)'으로 교감하였다.
152) 「考證」만이 '著'으로, 나머지는 모두 '着'으로 교감하였다.

'开'가 '井'으로 변형되어 異常字로 된 것이다.

115. 39後, 3, 10;「寸陰'未'移」: 鮮初本에는 '未'字보다는 '末'字에 가깝게 되어 있는 것이 壬申本에서는 완전한 '未'字로 된 것이다.

116. 39後, 4, 20;「獲'免'焉」: 鮮初本의 '免'字가 壬申本에서는 俗字로 된 것인데, 약간 이상하게 변형되어 異常字로 되었다.

117. 39後, 10, 4;「好'仇'未得」: '仇'字가 鮮初本에는 俗字로 기재되었는데, 壬申本에서는 正字로 바뀐 것이다.

118. 40前, 2, 14;「持'駁'馬」: 鮮初本에 '駿'字보다는 '駁'字에 가깝게 되어 있는 것이 壬申本에서는 '駿'字로 되었다. 文意上 '駁'字보다는 '駿'字가 더 잘 어울리지만 校勘學上에서는 '駁'字를 正字로 봄이 타당할 듯하다.(모든 校正本에서는 壬申本의 '駿'字를 正字로 인식하였다.)

이 '駁'字의 용례는 卷2, 44後, 5字가 鮮初本·壬申本 모두 '駁'字 ('駁'蹄駸駸)로 되어 있는 것으로 보아 '駁'字가 正字임이 분명하다.

119. 40前, 3, 14左;「輦下'岡'」: 鮮初本의 '岡'字가 壬申本에서 字形이 유사한 誤字인 '國'字로 변형된 것이다.(모든 校正本에서 壬申本의 '國'字를 正字로 인식하였다.)

120. 40後, 2, 21;「瓊'玖'」: 鮮初本에서 '玖'字가운데 '久'가 '反'으로 변형되어 誤字가 된 것을 壬申本에서 답습한 것이다.

121. 41前, 2, 2;「且以新'苡'家邦」: '苡'字를「天理」에서는 가필하여 誤字인 '花'字로 만들어 놓은 것이다.153)

122. 41前, 10, 4;「其漢肆雜物'咸'使乘載」: 鮮初本에서 '咸'字가 誤字인 '感'으로 된 것을 壬申本에서 답습한 것이다.154)

123. 42前, 3, 7;「唐'媛'興嬌」: 鮮初本의 '媛'字가 壬申本에서 '女'가 '火'로 변형되어 字形이 유사한 誤字 '煖'字로 된 것이다.155)

---

153)「考證」에서는 加筆字 '花'字를 原字로 인식하여 '花(苡)'로 교감하였다.
154) 崔南善을 제외한 모두가 '咸'으로,「考證」·김용옥은 '感(咸)'으로 교감하였다.

124. 42前, 5, 16; 「葬於龜旨東北‘塢’」: 鮮初本의 ‘塢’字가 壬申本에서 ‘塢’字 중 **烏**가 ‘鳥’로 변형되어 字形이 유사한 誤字가 된 것이다.

125. 42前, 6, 20; 「解綾‘袴’」: 鮮初本의 ‘袴’字가 壬申本에서 ‘袴’字 가운데 ‘衣’部가 ‘木’部로 변형되어 역시 字形이 유사한 誤字가 된 것이다.

126. 42後, 5, 14; 「‘仇’衝」: 117項과 같음.

127. 42後, 9, 2; 「‘仇’衝王」: 117項과 같음.

128. 42後 9, 4; 「仇衝‘王’之降于當國也」: ‘王’字가 鮮初本에서 底本의 결획으로 인해서 誤字인 ‘亡’字로 되었고,156) 壬申本에서는 또 다시 결획으로 인해 다른 誤字인 ‘三’字로 변형된 것이다.157) 이를 「天理」에서는 가필하여 正字인 ‘王’字로 만들어 놓았다. 즉 이것은 아래와 같이 변형된 것이다.

‘王’ → ‘亡’ → ‘三’ → ‘王’
(原刊本)　(鮮初本)　(壬申本)　(「天理」)

129. 43前, 2, 20; 「黍離之‘址’」: 鮮初本의 ‘址’字가 壬申本에서 同意同音 異字인 ‘趾’字로 변형된 것이다. 校勘學上에서는 壬申本의 ‘趾’字는 鮮初本의 ‘址’字가 字形의 유사함으로 인해서 변형된 誤字로 볼 수도 있는 것이다.158)

---

155) 崔南善·李丙燾·今西龍은 壬申本을 따라 ‘燧’으로 교감하였고, 「對校」는 ‘媛’으로, 「考證」은 ‘燧(媛)’으로 교정하였다.

156) 여기에 대해서, 南權熙는 이 ‘亡’字를 誤字가 아닌 正字로 인식하였다 (南權熙, 전게서, p.226), 즉 氏는 ‘亡’字를 正字로 인식하여, “구충이 망하여 본국에 항복할……”으로 해석을 하여, ‘亡’字를 動詞로 보고 다음의 ‘之’字를 ‘而’의 용법 가운데 하나인 接續詞로 이해한 듯 하다.

157) 壬申本의 ‘三’字가 底本의 결획으로 인해서 원래부터 ‘三’字로 板刻된 誤字인지, 아니면 원래 ‘亡’字로 板刻된 것이 壬申本에서 板木의 완결로 인하여 「서울」이하 壬申本의 모든 板本에서 ‘三’字처럼 인쇄된 것인지는 상고하지 못하였다.

130. 43前, 3, 8;「上上田三十'頃'」: '頃'字가 鮮初本에서 字形이 유사한 誤字 '項'字로 되었고, 壬申本에서는 '頃'과 '項'의 중간 형태의 異常字로 반영되어 誤字가 된 것이다.「天理」에서는 가필하여 正字인 '頃'과 비슷하게 만들어 놓았다.

131. 43後, 2, 19;「'奪'廟享」: '奪'字가 鮮初本에서 俗字로 기재되어 있는 것을 壬申本에서 답습한 것이다.

132. 43後, 10, 8;「余甚'佈'畏」: 鮮初本・壬申本의 '佈'字가 壬申本에서「서울」을 제외한 모든 판본에서는 결획되어, 오히려 '怪'字가 결획된 듯한 상태를 보여 주고 있다. 이를「天理」에서는 가필하여 誤字인 '怪'字로 만든 것이다.159)

133. 44前, 5, 2;「反受其'殃'」: '殃'字가 鮮初本에서 底本의 결획으로 인해 異常字로 된 것을 壬申本에서도 답습한 것인데,「天理」에서는 가필하여 正字로 만든 것이다.

134. 44前, 10, 8;「'建'安四年」: '建'字가 鮮初本에서 字形이 유사한 誤字 '逮'字로 변형된 것을 壬申本에서 그대로 인습한 것이다.

135. 44後, 3, 20;「豈有不'亡'之國」: '亡'字가 鮮初本에서 '忘'으로 誤字가 되었고, 이를 壬申本에서 답습하였는데,「天理」에서는 가필하여 正字인 '亡'으로 만든 것이다.

136. 45後, 1, 12左;「量田使'稱'也」: 鮮初本의 '稱'字가 壬申本에서 字形이 유사한 誤字인 '稚'字로 변형된 것이다.

137. 45後, 3, 6;「'夢'見七八介鬼神」: '夢'字가 鮮初本에서 俗字160)로 기재되었는데, 壬申本에서는 오히려 正字에 가까운 異常字로 변형된 것이다.

---

158) 제107項의 '淸'字도 같은 경우이다. 이 '址'字에 대해서「對校」는 '址'로, 김용옥은 '趾(址)'로 교감하였고, 나머지는 모두 壬申本을 따라 '趾'로 교감하였다.

159) 김용옥만이 '怖'로 바른 교정을 하였고, 이외의 모든 교정본에서는「天理」의 加筆字인 '怪'字를 正字로 교감하였다.

160) 金榮華, 전게서, p.44 참조.

138. 45後, 5, 18; 「其病不'間'渡關雨死」: 鮮初本·壬申本 모두 '間'字로 되어 있는 것이 「서울」을 제외한 모든 壬申本에서는 板木의 완결로 인한 결획 때문에 '問'字로 되어 誤字가 된 것이다.161)

139. 46前, 4, 12; 「'秋'收冬戚」: 鮮初本의 '秋'字가 壬申本에서는 '秋'字 중에 '火'가 '丈'으로 변형되어 誤字가 된 것인데, 「天理」에서는 가필하여 또 다른 誤字인 '秩'字로 만들어 놓은 것이다.

140. 47前, 8, 13; 「好'仇'」: '仇'字의 俗字가 鮮初本과 壬申本에서 각각 다른 모양을 하고 있는 것이다. 이는 壬申本의 筆寫·改刻者에 의한 것으로 짐작된다.

141. 47前, 1, 21; 「三月'二'二十日卽位」: 鮮初本의 '二'字가 壬申本에서 闕字가 된 것이다.162)

142. 47後, 9, 15; 「君鑑易卦'乎'」: 鮮初本의 '乎'字가 壬申本에서 결획되어 壞字로 된 것이다.

143. 48前, 7, 9; 「許黃玉'王'后」: '王'字가 鮮初本에 '玉'으로 기재되어 誤字가 된 것을 壬申本에서 인습한 것이다.

144. 48後, 6, 9; 「王使'視'軍卒」: 鮮初本의 '視'字가 壬申本에서 字形이 유사한 '親'字로 변형되어 誤字가 된 것이다.(모든 교정본에서 壬申本의 '親'을 正字로 인식하였다.)

145. 8前, 7, 16; 「丙午歲'(禾)'不登」

146. 9前, 1, 1; 「以杖打岸 '(則)'可見夫人矣」163)

147. 10後, 10, 6; 「王玉莖長八'(寸)'」

148. 27前, 7, 8; 「曰'(日)'山」

---

161) 이 '間'字에 대해서 崔南善·김용옥만이 '間'으로 교감하였고, 이외의 모든 교정본은 「서울」을 제외한 壬申本의 壞字인 '問'을 正字로 인식하여 '問'으로 교감하였다.

162) 이 壬申本의 闕字에 대해서 「對校」와 「考證」은 '(二)'로, 김용옥은 '<二>'로, 교정을 하였고, 李丙燾는 아예 없는 字로 인식했으며, 今西龍·崔南善과 같이 闕字로 처리했다.

163) 加筆字 '則'에 대해서 「考證」에서는 '刖(則)'으로 교감하였다.

149. 30前, 2, 12;「於是萱竊有‘(叛)’心」[164]

150. 31前, 4, 13左;「今蔚州‘’」: 145項부터 150項까지는 鮮初本·壬申本 모두에서 闕字인 것을 「天理」에서 가필하여 넣은 것이다. 이 加筆字는 모든 校訂本에서 대부분 正字로 수용되었는데, 설혹 文脈 上으로는 맞는다 하더라도, 정확한 校勘이라 할 수는 없는 것이다.

151. 23前, 10, 18-21;「我太祖 ‘(始修睦隣)’之好」: 鮮初本과 壬申本에 모두 ‘項載接陸擲’으로 되어 있는 것을, 「天理」에서는 이 부분에 줄을 긋고 그 옆에다 ‘始修睦隣’을 가필하여 놓았다. 한편 民族文化推進會影印本의 校勘記에서는 “恐是始恪睦隣四字之訛(據高麗史)”라고 하였다.(「校勘三國遺事」, 韓國古典叢書1, 1973, p.149.)

이상과 같이 附錄 3 ‘卷二의 文字異同과 校正本의 校勘 狀況’의 對校表에 의거하여 모두 151개 항에 걸친 諸 板本(鮮初本인 泥山本 및 壬申本)의 文字異同 상태 및 그 原因과 經緯를 살피고 校勘을 행한바, 이제 이것을 유형별로 분석하고자 한다.

그 유형은 a) 加筆字 b) 誤字 c) 闕字 d) 異字 e) 異常字 f) 壞字 등으로 나뉘며, 다시 아래와 같이 세분된다.

a) 加筆字
1) 加筆字 (字를 加筆한 것)
2) 加筆劃字 (劃을 加筆한 것)
(1) 加筆劃으로 인한 正字
(2) 加筆劃으로 인한 誤字

---

164) 「考證」에서는 ‘叛(?)’으로 교감하였다.

b) 誤字

1) 鮮初本·壬申本 모두의 誤字

2) 鮮初本의 誤字

3) 壬申本의 誤字

e) 異常字

1) 鮮初本·壬申本 모두의 異常字

2) 壬申本의 異常字

f) 壞字

1) 鮮初本·壬申本 모두의 壞字

2) 鮮初本의 壞字

3) 壬申本의 壞字

a) 加筆字

1) 加筆字 (字를 가필한 것): 제145, 146, 147, 148, 149, 150항 등 6개 항이다. 이는 모두 鮮初本·壬申本에 闕字가 된 것으로서 壬申本 가운데 「天理」에서 가필하여 넣은 것이다. 용례는 아래와 같다.

145항의 '禾'	146항의'則'	147항의'寸'
148항의 '日'	149항의'叛'	150항의'非也'

2) 加筆割字(割을 가필한 것)

(1) 加筆割으로 인한 正字: 제10, 13, 15, 16, 19, 20, 21, 23, 24, 26, 30, 34, 37, 39, 41, 43, 44, 48, 49, 53, 54, 55, 56, 57, 58, 59, 61, 63, 64, 68, 71, 72, 79, 81, 82, 86, 87, 88, 90, 94, 100, 128, 130, 133, 135항 등 45개 항이다. 이것은 板本의 缺割字 혹은

誤字로 되어 있는 原字에다 가필하여 正字로 만든 것으로, 제87항만
이 「晩松」에서 행해진 것이고 나머지는 모두 「天理」에서 행해진 것
이다. 그 용례를 몇 가지 뽑아 보면 다음과 같다.(괄호 안의 字는 缺
劃字 혹은 原字이다.)

15항의 '子'(丁) 16항의 '伐'(代) 26항의 '否'(石) 34항의 '尤'(十)
41항의 '溟'(冥) 43항의 '曰'(四) 54항의 '日'(口) 58항의 '曰'(日)
63항의 '玹'(泣) 64항의 '太'(大) 81항의 '種'(程) 82항의 '祖'(租)
86항의 '討'(訂) 87항의 '交'(文) 88항의 '夫'(十八) 94항의 '著'(者)
100항의 '百'(石) 128항의 '王'(三) 135항의 '亡'(忘)

(2) 加筆劃으로 인한 誤字: 제7, 22, 42, 66, 76, 93, 96, 97, 98,
106, 121, 132, 133항 등 13개 항이다. 이 역시 缺劃字 혹은 原字에
다 가필하여 誤字가 된 것으로서 모두 「天理」에서 나타난 것이다.
용례를 보면 아래와 같다.(괄호 안은 原字이다.)

7항의 '憚'(悼) 22항의 '於'(旅) 42항의 '末'(夫) 66항의 '王'(亡)
76항의 '順'(愼) 93항의 '王'(亡) 96항의 '遒'(道) 97항의 '耶'(卽)
98항의 '虜'(慮) 106항의 '正'(武) 121항의 '花'(苣) 132항의 '怪'(怖)
133항의 '秋'(秋)

以上의 加筆字들은 대부분 先學의 校訂本에서 原字 혹은 正字로
인식되고, 수용되었던 오류가 惹起된 것이다.

b) 誤字

1) 鮮初本·壬申本 모두의 誤字: 제5, 17, 18, 29, 42, 43, 58, 63,
80, 81, 104, 105, 120, 122, 128, 130, 134, 135, 143항 등 19개
항이다.(對校表에 보이는 것은 그 일부만을 推錄한 것이다.) 이것은
鮮初本의 誤字가 壬申本에 그대로 因襲된 것으로, 鮮初本이 壬申本

으로 전승되는 과정에서 飜刻에 따른 답습과 筆寫改刻함에 있어 筆寫者나 校正者의 교정이 제대로 이루어지지 않았음에 그 원인이 있는 것이라 하겠다. 용례는 다음과 같다.(괄호 안은 正字이다.)

5항의 '興'(與)	17항의 '間'(幹)	18항의 '祖'(租)
29항의 '柳'(抑)	41항의 '冥'(溟)	43항의 '四'(曰)
58항의 '日'(曰)	63항의 '泣'(泫)	80항의 '夫'(餘)
81항의 '程'(種)	104항의 '柳'(抑)	120항의 '反'(久: 玖)
122항의 '感'(咸)	128항의 '亡·三'(王)	105항의 '胃'(謂)
134항의 '逮'(建)	135항의 '忘'(亡)	143항의 '玉'(王)
130항의 '項'(頃)		

이 가운데 제128항의 경우는 '王'字가 鮮初本에서는 '亡'字로, 다시 壬申本에서는 '三'字로 각각 다르게 誤字가 된 것이다.

2) 鮮初本의 誤字: 제60, 63, 83, 84, 110항 등 5개 항이다. 이는 鮮初本의 誤字가 壬申本에서 正字로 訂正된 것이다. 용례를 보면 아래와 같다.(괄호 안은 正字이다.)

60·63항의 '傳'(傳)	83항의 '力'(刀: 負)
84항의 '士'(土)	110항의 '火'(大)

3) 壬申本의 誤字: 제7, 8, 16, 47, 82, 86, 87, 88, 100, 101, 102, 103, 108, 109, 112, 118, 120, 123, 124, 125, 137, 138, 139항 등 23개 항이다. 이는 鮮初本의 正字가 壬申本에 와서 誤字로 된 것인데, 그 원인은 筆寫者의 誤寫 혹은 刻手의 誤刻에 기인된 것으로 생각된다. 반면에 어떤 것은 誤寫, 誤刻에 원인이 있는 것이 아니라 底本에서 缺劃으로 인해 誤字가 된 것을 壬申本에 그대로 踏襲된 경우도 있다 하겠다. 용례는 다음과 같다.(괄호 안은 正字이다.)

7항의 '槧'(塹)	8항의 '大'(云)	16항의 '代'(伐)
47항의 '修'(終)	82항의 '租'(祖)	86항의 '訂'(討)
87항의 '文'(交)	88항의 '十八'(夫)	100항의 '石'(百)
101항의 '古公'(直心)	102항의 '靈'의 俗字('雪'의 俗字)	
103항의 '舟'(丹)	108항의 '連'(漣)	109항의 '耶'(卽)
112항의 '于'(干)	118항의 '駿'(駮)	120항의 '國'(岡)
123항의 '媛'(媛)	124항의 '鳥'(烏: 搗)	125항의 '木'(衣: 袴)
137항의 '稚'(稱)	138항의 '問'(間)	139항의 '丈'(火: 秋)

이 가운데 제101항과 제138항의 誤字는 壬申本 가운데 「서울」을 제외한 나머지 板本에서 나타난 것으로 字缺로 인한 결획 때문에 생긴 것이다.

c) 闕字: 제141항 1개 항으로, 제141항의 '二'인데, 鮮初本의 '二' 字가 壬申本에서 闕字가 된 것이다. 한편 鮮初本에서 闕字가 된 것은 壬申本에서도 모두 闕字로 되어 있다.

d) 異字: 제64, 107, 129항 등 3개 항으로 鮮初本의 正字가 壬申本에서 同意同音 異字로 변형된 것인데, 이것은 壬申本에서 誤字가 된 것으로 볼 수도 있다. 용례는 아래와 같다.(괄호 안은 鮮初本의 字이다).

64항의 '大'(太)   107항의 '淸'(淸)   129항의 '趾'(址)

e) 異常字
1) 鮮初本·壬申本 모두의 異常字: 제12, 32, 68, 92, 133항 등 5개 항으로 鮮初本에서 誤寫 혹은 誤刻으로 인해 誤字에 가까운 異常字로 변형된 것을 壬申本에 그대로 답습된 것이다.
2) 壬申本의 異常字: 제11, 114, 116, 130, 137항 등 5개 항으로,

鮮初本에 正字로 되어 있는 것이 壬申本에서 異常字로 변형된 것이다. 이것은 이 壬申本의 異常字들이 속해 있는 紙葉의 冊板이 鮮初本에서 壬申本으로 전승되는 과정에서 筆寫改刻을 통해 전승된 결과 壬申本의 筆寫者나 刻手의 오류에 기인된 것으로 짐작된다.

f) 壞字

1) 鮮初本·壬申本 모두의 塊字: 제1, 25, 31, 38, 41, 49, 51, 54, 55, 56, 57, 99항 등 12개 항인데, 底本에서의 板木의 완결 등으로 인해서 생긴 鮮初本의 壞字를 壬申本에 그대로 답습된 것이다.

2) 鮮初本의 壞字: 제33, 69항 2개 항으로, 鮮初本에서는 板木의 완결로 인해 壞字가 되었지만 壬申本에는 完字로 된 것이다.

3) 壬申本의 壞字: 제3, 10, 15, 16, 19, 21, 22, 24, 26, 27, 30, 34, 35, 39, 44, 53, 59, 61, 71, 72, 88, 90, 91, 94, 98, 100, 101, 108, 138, 142항 등 30개 항이다. 이것은 壬申本이 板刻되는 과정에서 底本의 壞字를 인습하여 처음부터 缺劃된 壞字로 板刻되었거나, 혹은 正字로 板刻된 후에 冊板의 완결로 인해서 생긴 것이다.

그리고 제71, 101, 138항 등 37개 항의 壞字는 壬申本 가운데 「서울」을 제외한 판본에만 나타나는 것이다. 이것으로써 本章 A節 '王曆編의 對校'에서 논급한바, 「서울」이 여타의 판본에서 板木의 완결로 인한 결획이 생기기 이전에 먼저 인출된 것임을 확인할 수 있다.

위와 같이 '卷二'에 있어서 모두 151개 항에 걸친 文字異同을 종합하여 表로 만들면 다음과 같다.

<표 5> '卷二'에 대한 鮮初本·壬申本의 文字異同 類型

文字異同 \ 板本 의 類型		鮮初本· 壬申本	鮮初本	壬申本	備　　考
加筆字				6	「天理」
加筆劃字	正字			45	「天理」(44), 「晩松」(1)
	誤字			13	「天理」
闕字				1	
誤字		19	5	23	
壞字		12	2	30	壬申本(27), 「서울」제외(3)
異字				3	
異常字		5		5	
計		36	7	126(62)	(62)는 加筆字를 제외한 數字임

　이상과 같은 文字異同의 분석을 통해서 壬申本의 底本이 되었던 鮮初本과 泥山本의 印出時期를 추측 비교해 볼 수가 있다. 즉 본고에서 연구 대상으로 삼았던 鮮初本 계열의 판본인 「泥山」보다 壞字가 훨씬 많이 나타나는―「泥山」보다 후에 인출된―鮮初本이 아닐까 한다. 왜냐하면 'f)-3) 壬申本의 壞字'의 27개 항은 물론 그 缺劃이 壬申本이 板刻된 후에 壬申本 冊板의 마멸에 따른 완결로 인해서 발생된 것도 있지만, 반면에 底本을 飜刻 또는 筆寫改刻하는 과정에서 板木의 완결로 인한 底本의 壞字를 답습한 것으로 추측되는 것이 적지 않기 때문이다. 즉 「泥山」에는 完字로 나타나지만 壬申本의 底本이 되었던 鮮初本에는 板木의 완결로 인한 壞字로 되어 있었을 것으로 思料되는 것이다.(壬申本의 底本이 되었던 鮮初本은 「泥山」보다 후에 인출된 鮮初本으로 추정해도 무리가 없을 것으로 보인다.)

4. 卷三 · 四 · 五의 對校

여기에서는 鮮初本인 鵝山本의 筆寫本(「鶴筆」) 1種과 壬申本인 「서울」 · 「天理」 · 「晚松」 · 「蓬左」 등 4種 도합 5種의 板木을 가지고 '卷三 · 四 · 五'를 對校하고자 한다. 먼저 '卷三 · 四 · 五'의 내용을 살펴보면 아래와 같다.

1) '卷三 · 四 · 五'의 內容

「遺事」의 '卷三'은 興法 塔像, '卷四'는 義解, '卷五'는 神呪, 感通, 避隱, 孝善을 篇目으로 하여 '卷三'의 順道肇麗 이하 '卷五'의 貧女養母까지 모두 79개 항목으로 이루어졌다.

그 내용을 살펴보면, 興法篇은 삼국에서 불교가 공인되기까지의 불교 전파에 대한 기술이며, 塔像篇은 불교신앙의 대상인 石塔 梵鐘 佛像 寺刹에 대한 기록으로 佛教文化史에 대한 것이고, 義解篇은 불교 교리에 능통한 僧侶에 대한 전기이며. 神呪篇은 고승들의 신통한 주술력에 대한 설화를 모은 것이고, 感通篇은 지극한 信心이 인간적인 능력의 한계를 뛰어넘은 설화를 다룬 것이고, 避隱篇은 세속적인 부귀를 탐내지 않고 초연히 벗어날 수 있던 사람에 대한 기록이며, 孝善篇은 가정의 기본 윤리인 孝가 불교에서도 존중되는 德目이라는 것과 불교적인 善과 연결되는 者가 더욱 값진 것이라는 것을 보여주는 내용이다.[165)

---

165) 鄭求福, <三國遺事의 史學史的 考察>, 「三國遺事의 綜合的 檢討」, 精文研, 1987, p.15.

2) 傳存本의 對校를 통한 校勘

傳存本의 대교를 통해서 나타난 文字異同의 상태는 附錄 4 '卷三・四・五의 文字異同과 旣存 校正本의 校勘 狀況'의 대교표와 같다. 이제 이 대교표에 의거하여 卷三・四・五에 대한 文字異同의 원인과 경위를 분석하여 교감하면 다음과 같다.

1. 卷三. 2前, 6, 8166); 「'焚'之則香氣芬馥」167): '焚'字가 壬申本에는 俗字168)로 기재된 것인데, 「天理」에서는 이 俗字를 誤字로 인식한 듯 正字인 '焚'으로 가필한 것이다.169)

2. 卷三. 7前, 1, 21右; 「鄕傳'云'」: '云'字가 鮮初本인 「鶴筆」에서는 下劃이 缺劃되어 '二'字와 비슷하게 된 壞字가 壬申本에는 完字로 되어 있다. 이것은 壬申本의 저본인 鮮初本에도 壞字로 되었던 것이 壬申本에서 完字로 교정된 것으로 생각된다.170)

3. 卷三. 7前, 1, 20左; 「觸'僞'以王命傳下」: '偉'字가 鮮初本에는

---

166) 「遺事」가운데 本章에서 고찰하는 '卷三・四・五'의 校勘 對象字의 張・面・行・字數로서 「遺事」의 板本(鮮初本과 壬申本은 동일한 體制임)의 卷次中 '卷三・四・五'에서의 位置이다.

167) 이 例文은 筆者의 편의대로 부분적으로 인용해 놓은 것이고, ''의 字는 필자가 校勘한 字이다.

168) 秦公 輯, 「碑別字新編」, 文物出版社, 1985, p.212 참조.

169) 이 加筆字'焚'에 대해서 金相鉉은 이를 原字로 인식하여 「서울」이 補刻版이라는 견해를 보였으나(金相鉉, <三國遺事의 書誌學的 考察>, 「三國遺事의 綜合的 考察」, 精文硏, 1987, p.59), 壬申本 가운데에서도 확연한 後刷本인 「蓬左」에도 분명히 '焚'이 俗字로 되어 있는 것으로 보아, 「天理」의 '焚'字는 加筆字임이 확실하다. 또한 이와 같이 正字가 俗字로 변형되는 類의 文字異同은 혹 誤字로 인식될 수 있는 여지가 있는 것이라 하겠다.

170) 鮮初本의 誤字가 壬申本에서 교정된 것이 9개 항이나 되는 것으로 볼 때 (뒤의 c)항 참조), 이러한 추정은 타당성이 있다. 반면에 鮮初本인 「鶴筆」에서 나타 壞字가 壬申本에 完字로 되어 있는 것은 壬申本에서 정정된 것이 아니라 원래 壬申本의 底本이 되었던 鮮初本에 完字로 되어 있던 것이 그대로 壬申本에 전승되었을 가능성도 있다 하겠다.

完字로 나타나지만, 壬申本에는 '僞'가운데 '人'이 缺劃되어 '爲'와 비슷하게 된 것이다.171) 세밀히 살펴보면 '僞'의 壞字임을 식별할 수 있다.

4. 港三. 7後, 1, 16;「此乃扶'丹'犀之信力」: '丹'字가 鮮初本에는 正字로 壬申本에서는 俗字172)로 기재된 것이다.

5. 卷三. 9前, 1, 3;「非'永'興寺之創主也」: '永'字가 鮮初本·壬申本 모두 俗字인 '求'173)로 기재된 것이다.

6. 卷三. 11前, 5, 13右;「羊'皿'自甲戌年死」: '皿'字가 鮮初本에는 正字로, 壬申本에서는 俗字인 '血'174)로 변형된 것이다.

혹 壬申本에 기재된 '血'字를 '皿'의 誤字로 인식할 수도 있겠으나,175) 그 俗字의 용례가 있는 이상 俗字로 인식함이 타당하다.

7. 卷三. 13後, 4, 14;「大一'曆'法」: 鮮初本의 '曆'字가 壬申本에서는 壬申本 筆寫者의 부주의로 인해서 同意同音 異字인 '歷'字로 변형된 것인데, 이를 誤字로 볼 수는 없으나 校勘學상으로는 鮮初本을 따라 '曆'으로 교정하는 것이 바람직한 것이다.176)

8. 卷三. 17前, 9, 19;「次'廂'律師」: '廂'字가 鮮初本「鶴筆」에서 결획으로 인해 壞字가 되어 '一相'으로 된 것이 壬申本에서는 完字인 '廂'의 俗字로 된 것이다.177)「天理」에서는 加筆하여 正字인 '廂'으로 만들어 놓았다.

---

171) 이 '僞'字에 대해서 崔南善·今西龍은 '爲'로 교감하여 誤校를 범했고, 李丙燾·「對校」, 김용옥은 '僞'로 교정하여 바른 교감을 하였다. 단, 김용옥은 '僞'의 壞字인 '爲'를 原字로 인식하였다.

172) 秦公, 전게서, p.3 및 金榮華,「韓國俗字譜」, 亞細亞文化社, 1986, p.2 참조.

173) 金榮華, 전게서, p.118 및 秦公, 전게서, p.16 참조.

174) 金榮華, 전게서, p.145 참조.

175) 김용옥은 '血(皿)'으로 교정하여, 壬申本의 '血'字를 '皿'의 誤字로 인식한 듯하다. 한편「對校」에서는 '皿'字의 윗자인 '羊'과 붙여서 '盖'으로 교정한 바, 矯正者의 誤校이거나 植字工의 誤植이 아닌가 한다.

176) 崔南善·今西龍·李丙燾는 壬申本대로 '歷'으로,「對校」는 鮮初本을 따라 '曆'으로, 김용옥은 두 가지를 모두 수용하여 '歷(曆)'으로 교정하였다.

177) 앞주 170) 참조.

9. 卷三. 19後, 2, 13; 「第'三'十三聖德王代」: '三'字가 壬申本 가운데 「서울」을 제외한 판본에는 모두 上劃이 결획되어 壞字인 '二'로 되어 誤字가 된 것이다.[178] ('二'字가 '三'字 가운데 上劃이 결획되었다는 것은 諸 板本의 대조를 통해서 확인할 수가 있다.)

10. 卷三. 20後, 4, 5; 「'丈'六改金」: '丈'字가 壬申本에서는 字形이 유사한 '文'으로 변형되어 誤字가 된 것인데, 「天理」에서는 誤字인 '文'에다 加筆하여 '丈'의 俗字인 '丈'[179]으로 만들어 놓은 것이다.

11. 卷三. 22後, 1, 3; 「'玉'帛」: 鮮初本의 '玉'字가 壬申本에서는 '王'字로 변형된 것인데, 이 역시 壬申本의 '王'은 '玉'의 誤字가 아닌 俗字[180]로써 기재된 것으로 생각된다. 「天理」에서는 가필하여 正字인 '玉'으로 만들었다.

12. 卷三. 25後, 1, 21; 「王又震燿使'檢'之」: '檢'字가 鮮初本에서 俗字[181]로 기재된 것이 壬申本에서는 正字로 정정된 것이다.

13. 卷三. 26前, 3, 20; 「田一萬'頃'」: '頃'字가 鮮初本에서 자형이 유사한 '頉'으로 변형되어 誤字가 된 것을 壬申本에서 正字인 '頃'으로 교정된 것이다.

14. 卷三. 27前, 10, 21; 「以高廟朝受'旨'」: '旨'字가 鮮初本 「鶴筆」에서는 결획으로 인해 '二日'로 변형되어 壞字가 된 것이 壬申本에서는 正字로 되어 있는 것이다.[182]

15. 卷三. 28後, 2, 4; 「又邀僦湘'二'師齋」: '二'字가 「鶴筆」에서 결획으로 壞字가 되어 誤字인 '一'로 된 것이 壬申本에는 正字인 '二'로 되어 있는 것이다.[183] 또한 壬申本에서 모두 결획을 보이고

---

178) 先學의 교정본 가운데 崔南善만이 '二'로 교감하여 誤校를 범했고, 今西龍은 그의 교정본 頭注에서 "三十三原本作二十三今訂正"(今西龍, 전게서, p.23)이라 하여 '三'의 壞字인 '二'字를 原字로 인식하였다.

179) 金榮華, 전게서, p.1 참조.

180) 金榮華, 전게서, p.137 참조.

181) 秦公, 전게서, p.382 참조.

182) 앞주 170) 참조.

있는데 「天理」에서는 가필하여 完字로 만들었다.

16. 卷三. 29前, 7, 20; 「入內侍'大'府卿李白全」: '大'字가 壬申本
에서 '大'字보다는 '六'字에 가까운 異常字가 된 것인데, 이는 刻手
의 誤刻에 의한 것으로 생각된다.

17. 卷三. 29後, 2, 20; 「以'火'檢看」: '火'字가 鮮初本에서 '火'의
俗字인 '大'184)로 기재된 것을 壬申本에서 그대로 수용된 것이 아닌
가 한다. 「天理」에서는 '大'에다 가필하여 正字인 '火'로 만들었다.185)

18. 卷三. 31後, 7, 11; 「'至'龍朔元年」: '至'字가 「鶴筆」에서 결획
으로 인해 壞字가 되었고, 壬申本에서는 正字로 된 것이다.186)

19. 卷三. 34後, 5, 11; 「'頃'刻」: 13항과 같음.

20. 卷三. 39前, 2, 1; 「出水精念珠一貫'(獻)'之」: 鮮初本·壬申本
모두 闕字로 되어 있는 것인데, 「鶴筆」의 底本인 鶴山本에는 '回'字
가 가필되었고,187) 「天理」에서는 '給'字가 가필되어 있다.188)

이 闕字 아래에 기록된 "東海龍亦'獻'如意寶珠一顆"의 내용으로
미루어 볼 때 이 闕字는 혹 '獻'字가 아닌가 한다.

21. 卷三. 42後, 3, 12; 「'快'適須臾意已閑」: '快'字가 壬申本에서
는 '快'字 가운데 '心'이 '人'으로 변형되어 異常字가 된 것이다.

22. 卷三. 46後, 2, 19右; 「今溟'州'」: '州'字가 壬申本에서는 同音
誤字인 '舟'로 변형된 것이다.

23. 卷三. 55前, 9, 11; 「'三'十一主神文王代」: '三'字가 壬申本 가
운데 「서울」을 제외한 판본에서는 中劃이 결획된 壞字인 '二'로 되

---

183) 상동.
184) 金榮華, 전게서, p.128 참조.
185) 「天理」의 加筆字 '火'를 「鶴筆」의 頭注에서는 "大正德本火"라 하여 加筆字가
    아닌 原字로 인식하였다.
186) 앞주 170) 참조.
187) 「鶴筆」의 頭注에는 "回字原缺 正德本亦缺 而後人以給字補入"이라 하였다.
188) 김용옥만이 '<獻>'으로 교감하였고, 나머지는 모두 「天理」의 加筆字인 '給'으
    로 교감하였다.

어 誤字가 된 것이다.189)(中劃이 결획되었음은 諸 板本을 세밀히 대조해 보면 확인된다.)

24. 卷三. 55後, 8, 4;「新羅大'大'角干」: '大'字가 壬申本에서는 字形이 유사한 '夫'字로 변형되어 誤字가 된 것이다.190)

25. 卷四. 2前, 2, 21;「軍'入'揚都」: '入'字가 鮮初本에는 俗字인 '八'191)으로 기재된 것이 壬申本에서는 正字로 기재된 것이다.

26. 卷四. 6後, 1, 4;「'佀'姓氏之朴薛」: '佀'字가 壬申本에는 俗字인 '佀'으로 기재된 것이다. 혹 '佀'字 가운데 '旦'이 '且'로 변형된 것이 筆寫者나 刻手의 誤謬로써 인식될 수도 있겠지만, '且'가 '旦'의 俗字192)로 쓰이는 이상 壬申本의 '佀'은 '佀'의 俗字로 인식함이 타당하다.

27. 卷四. 7後, 1, 20;「'古'人消息」: 鮮初本의 '古'字193)가 壬申本에서 字形이 유사한 右로 변형되어 誤字가 된 것이다.

28. 卷四. 8後, 4, 16;「梨木萎'摧'」: '摧'字가 壬申本에서는 '摧' 가운데 '手'가 '木'으로 변형되어 異常字가 된 것이다.

29. 卷四. 8後, 4, 18;「龍'撫'之卽蘇」: '撫'字가 壬申本에서는 '摧' 가운데 '手'가 '木'으로 변형되어 異常字가 된 것이다.

30. 卷四. 9後, 9, 7右;「或'(云)'」: 鮮初本·壬申本 모두의 闕字인데,「天理」에서는 '云'字를 가필하였다.

31. 卷四. 10前, 4, 4;「初希'正'敎」: '正'字가 壬申本에서「서울」을 제외한 모든 판본에는 板木의 완결로 인해 壞字가 된 것인데,「天理」

---

189) 崔南善·김용옥은 '三'으로 바른 교감을 하였지만, 今西龍·李丙燾·「對校」는 '二'로 교감하여 誤校를 범했다.
190) 崔南善·김용옥만이 鮮初本대로 '大'로 교감하였고, 今西龍·李丙燾·「對校」는 壬申本을 따라 '夫'로 교감하였다.
191) 金榮華, 전게서, p.17 참조.
192) 秦公, 전게서, p.15 참조.
193) 이 '古'字에 대해서「鶴筆」의 頭往에서는 "古字紙破 古右不明"이라 한 바, 혹 鮮初本에도 誤字인 '右'字로 되어있을 가능성이 있다 하겠다.

에서는 '王'字의 壞字로 인식한 듯 가필하여 誤字인 '王'으로 변형시켜 놓은 것이다.

32. 卷四. 12前, 2, 20; 「皆'叵'測也」: 鮮初本의 '叵'字가 壬申本에서는 자형이 유사한 '匹'로 변형되어 誤字가 된 것이다.[194]

33. 卷四. 12前, 8, 21; 「'晚'年移止恒沙寺」: '晚'字가 鮮初本에서 俗字인 '脫'字와 비슷한 字[195]로 기재되었고, 壬申本에서는 筆寫者의 無知에 의해 완전한 '脫'字로 변형되어 誤字가 된 것이다.

34. 卷四. 12後, 8, 7; 「又神'印'祖師明朗」: '印'字가 壬申本에서는 板木의 완결로 인해 壞字가 되었는데, 「天理」에서는 '卽'의 壞字로 인식한 듯 가필하여 誤字인 '卽'으로 만들어 놓은 것이다.[196]

35. 卷四. 14前, 1, 8左; 「已出皇'龍'塔篇」: '龍'字가 鮮初本인 「鶴筆」에서는 闕字가 된 것이다. 이것은 鮮初本에서 闕字가 된 것을 壬申本에서 補入한 것으로 생각할 수 있는 반면에 「鶴筆」의 저본인 鶴山本에만 闕字가 된 것으로 생각할 수도 있는 것이다.

36. 卷四. 14後, 8, 19右; 「亦云寺'主'」: 鮮初本의 '主'가 壬申本에서는 결획으로 인해서 壞字가 된 것이다.

37. 卷四. 15後, 5, 20右; 「松'汀'」: '汀'字가 鮮初本에서는 板木의 완결로 壞字가 되었고, 壬申本에는 完字로 되어 있는 것이다.(앞의 2항 참조).

38. 卷四. 16前, 5, 2; 「遂殞'身'而卒」: '身'字가 壬申本 가운데 「서울」을 제외한 판본에는 모두 板木의 완결로 인해 字形조차 알아볼 수 없게 된 것이다.[197]

---

194) 崔南善·김용옥은 鮮初本대로 '叵'로, 今西龍·李丙燾는 壬申本을 따라 '匹'로 교감하였다. 한편, 「對校」는 '卷四'부터 對校를 통한 校正이 이루어지지 않았다.

195) 金榮華, 전게서, p.98 참조.

196) 이 加筆字 '卽'字에 대해서, 「鶴筆」의 頭注에서는 "印字正德本作卽"이라 하여 「天理」에서 행해진 加筆字 '卽'을 原字로 인식하는 誤謬가 있었다.

197) 今西龍은 이 '身'字를 闕字로 교감하였다. 또한 「鶴筆」의 頭注에서는 "身字正德本缺刻"이라 하였지만, 이는 「天理」에 의거한 것으로서 사실상 正德本(壬申

39. 卷四. 20前, 9, 18;「金山寶盖之'幻'有也」: '幻'字를 「天理」에
서는 '幼'字의 결획자로 인식한 듯 가필하여 誤字인 '幼'로 만든 것
이다.198)

40. 卷四. 20後, 4, 20;「每步虛而'上'」: 鮮初本의 '上'字가 壬申本
에서는 '工'으로 변형된 것인데, 이는 刻手의 誤刻에 기인한 것으로
생각된다.

41. 卷四. 20後, 8, 5;「采采雜花'栽'」: 鮮初本의 '栽'字가 壬申本
에서는 筆寫者의 誤寫에 의해서 자형이 유사한 '我'로 변형되어 誤
字가 된 것이다.199)

42. 卷四. 21後, 6, 20左;「古名'豆'乃山縣也」: 鮮初本의 '豆'字가
壬申本에서는 筆寫者의 誤寫에 의해서 유사한 字形의 '亘'으로 변형
되어 誤字가 된 것이다.200)

43. 卷四. 27前, 4, 14;「'探'索索隱」: '探'字가 鮮初本에서는 誤字
인 '深'으로 된 것이, 壬申本에서 正字인 '探'으로 교정된 것이다.

44. 卷四. 28後, 3, 12;「地頂戴'歸'山」: '歸'字가 鮮初本에서는 俗
字201)로 기재된 것이 잘못되어 俗字 가운데 '白'이 '身'으로 변형된
異常字가 되었고, 壬申本에서는 올바른 俗字로 교정된 것이다.

45. 卷五. 1前, 6, 19;「左右請'代'之」: '代'字가 鮮初本에서 字形
이 유사한 '伐'로 변형되어 誤字가 된 것을 壬申本에서 正字인 '代'
로 교정한 것이다.

46. 卷五. 2前, 9, 20;「公遣居士往'救'乃解」: '救'字가 鮮初本에서
'救' 가운데 '求'가 '方'으로 변형되어 誤字가 된 '放'字를 壬申本에

本)의 缺刻은 아닌 것이다.

198) 「鶴筆」의 頭注에서는 "幻正德本作幼"라 하여, 이 '幼'字 역시 原字로 인식하였
다. 이외에도 「天理」의 加筆字를 대부분 原字로 인식하였다.

199) 今西龍만이 壬申本대로 '我'로 교감하였다.

200) 今西龍·李丙燾는 壬申本대로 '亘'字로 교감하였다. 단, 今西龍은 그의 校正本
頭注에서 "亘當作'豆'"라 하여 '亘'를 '豆'의 誤字로 인식하였다.

201) 金榮華, 전게서, p.115 참조.

서 正字인 '救'로 정정한 것이다.

47. 卷五. 3前, 10, 20; 「鄭公'恃'王和尙神術」: '恃'字가 鮮初本에서 字形이 유사한 同音誤字 '侍'로 변형된 것을 壬申本에서 正字인 '恃'로 교정한 것이다.

48. 卷五. 4後, 8, 6; 「因名金光'焉'」: '焉'字가 鮮初本·壬申本에서 각각 다른 俗字202)로 기재된 것이다.

49. 卷五. 4後, 10, 7; 「慈藏之'妹'」: 鮮初本의 '妹'字가 壬申本에서는 '妹' 가운데 '未'가 '朱'로 변형되어 誤字인 '姝'字로 된 것이다.

50. 卷五. 5後, 8, 13; 「亦來安'于'玆爾」: '于'字가 鮮初本·壬申本에서는 모두 俗字인 '干'203)으로 기재된 것인데, 「天理」에서는 가필하여 正字인 '于'로 만들어 놓은 것이다.204)

이 '干'字 역시 '于'의 誤字로 볼 수도 있겠지만, 俗字로 쓰인 용례가 있기 때문에 誤字보다는 俗字로 인식함이 타당하다.

51. 卷五. 6後, 4, 15; 「有國已'來'」: '來'字가 鮮初本에서 誤字인 '朶'로 된 것이 壬申本에서 正字인 '來'로 교정된 것이다.

52. 卷五. 10後, 7, 11; 「'備'載釋玄本所撰」: '備'字가 鮮初本·壬申本에 각각 다른 俗字205)로 기재된 것이다.

53. 卷五. 10後, 9, 11; 「比'丘'」: '丘'字가 壬申本에서는 板木의 완결로 인해 '立'字와 비슷하게 壞字가 된 것이다.

54. 卷五. 11前, 9, 18; 「湧身'凌'空」: '凌'字가 壬申本에서는 字形이 유사한 同音誤字인 '浚'으로 변형된 것이다.

55. 卷五. 12後, 8, 7; 「爲亡妹營'齊'」: '齊'字가 「天理」에서는 加筆되어 通用字인 '齋'로 변형된 것이다.

---

202) 金榮華, 전게서, p.129 및 秦公, 전게서, p.174 참조.
203) 金榮華, 전게서, p.4 참조.
204) 「天理」의 加筆字인 '于'를 「鶴筆」의 頭注에서는 原字로 인식하였다.
205) 金榮華, 전게서, p.12 참조.

모든 校正本에서 '齋'로 교정하였지만 校勘學상으로는, '齊'와 '齋'가 通用字이고 鮮初本·壬申本에 모두 '齊'字로 되어 있는 이상, '齊'로 교감함이 옳은 것으로 사료된다.

56. 卷五. 13後, 2, 19; 「勝願'未'(終)」: 鮮初本에는 '未'字 다음에 한 字가 闕字이고, 壬申本에는 '未'字 포함 두 字가 闕字인 것이다.[206]('未'字 다음에 (終)으로 교감한 것은 崔南善의 校正을 따른 것이다. 한편 '未終'과 비슷한 의미의 용어로서 "勝願'未'(終)" 앞부분에서 '未周', '未就'가 사용되었음을 부언해 둔다.)

57. 卷五. 15前, 4, 4; 「人'交'人彝倫之道」: '交'字가 鮮初本·壬申本 모두에서 '友'字에 가까운 字로 변형되어 誤字가 된 것이다. 이것은 '交'字가 원래 '友'와 비슷한 모양의 俗字[207]로 기재된 것이 鮮初本에 와서 筆寫者에 의해 '友'字에 가깝게 변형되고 이를 다시 壬申本에서 답습한 것이 아닌가 한다.

58. 卷五. 15後, 9, 14; 「什'邡'縣」: '邡'字가 임신본 가운데 「서울」이외에는 모두 板木의 완결로 인해 壞字인 '方'으로 변형된 것이다.

59. 卷五. 17後, 1, 19; 「蓄理東尸'汀'叱」: 鮮初本의 '汀'字와 壬申本의 '汀'字가 어떠한 관계인지 아직 상고하지 못하였다.(혹 鮮初本의 '汀'은 '行'의 俗字가 아닌가 생각된다). 모든 校正本에서는 壬申本의 '汀'字를 正字로 인식하고 있다.

60. 卷五. 22前, 7, 2; 「'百'餘年」: '百'字가 壬申本에서는 결획되어 誤字인 '石'字에 근사한 字로 된 것이다. 「天理」에서는 가필하여 完字인 '百'으로 만들어 놓았다.

61. 卷五. 23前, 9, 18; 「'搬'師」: 鮮初本의 '搬'字가 壬申本에서는 '搬' 가운데 '手'가 '木'으로 변형되어[208] 異常字가 된 것이다.[209]

---

206) 여기에 대해서 崔南善·李丙燾는 '未終', 今西龍은 '□□', 김용옥은 <未就>로 교감하였다. 이것들은 교감학상 '未(終)' 혹은 '未<就>'로 정장되어야 할 것이다.
207) 金榮華, 전게서, **p.4** 참조.

62. 卷五. 26前, 7, 10; 「聲聞'于'城中」: '于'字가 鮮初本에서는 字形이 유사한 '子'로 되어 誤字가 된 것이 壬申本에서 正字인 '于'로 교정된 것이다.

63. 卷五. 26後, 7, 15; 「乃以'瓦'盆爲釜」: '瓦'字가 鮮初本에서 결획으로 인해 '丸'字로 변형되어 誤字가 된 것을 壬申本에서 그대로 답습한 것인데, 「天理」에서는 가필하여 完字에 근사하게 만들어 놓은 것이다.

이상과 같이 附錄 4 '卷三·四·五의 文字異同과 旣存 校正本의 校勘 狀況'의 對校表에 의거하여 모두 63개 항에 걸친 諸 板本(鮮初本인 鶴山本 및 壬申本)의 文字異同 상태와 그 원인을 분석하여 校勘하였다. 이는 다시 a) 加筆字, b) 闕字, c) 誤字, d) 壞字, e) 異字, f) 異常字, g) 俗字 등의 類型으로 구분되며, 이 가운데 몇 가지는 아래와 같이 세분된다.

c) 誤字
1) 鮮初本·壬申本 모두의 誤字
2) 鮮初本의 誤字
3) 壬申本의 誤字

d) 壞字
1) 鮮初本의 壞字
2) 壬申本의 壞字

---

208) 이러한 例는 앞의 제28, 29항의 문자이동에서도 찾아 볼 수 있다.
209) 모든 교정본에서는 壬申本의 '㦲'字를 正字로 교감하고 있다.

g) 俗字

1) 鮮初本・壬申本 모두의 俗字

2) 鮮初本의 俗字

3) 壬申本의 俗字

위와 같이 세분한 文字異同을 유형별로 살펴보면 다음과 같다.

a) 加筆字

제1, 8, 10, 11, 15, 17, 20, 30, 31, 34, 39, 50, 55, 60, 63항 등 모두 15개 항이 조사되었는데, 제20항 1개 항만이 「鶴筆」의 底本인 鶴山本에 가필된 것이고 나머지 14개 항은 모두 壬申本 가운데 「天理」에서 나타난 것이다. 이러한 加筆字의 樣相은 다음과 같이 분석된다.

1) 제1, 8, 11, 17, 50항 등 5개 항은 俗字에다 가필하여 正字로 만든 것.

2) 제15, 60, 63항 등 3개 항은 壞字에다 가필하여 完字(正字)로 만든 것.

3) 제30항은 闕字에다 加筆한 것.

4) 제10항은 誤字에다 가필하여 正字로 만든 것.

5) 제39항은 正字에다 가필하여 誤字로 만든 것.

6) 제31, 34항은 壞字에다 가필하여 誤字로 만든 것.

7) 제55항은 正字에다 가필하여 다른 通用字로 만든 것.

그 용례를 보면 다음과 같다.(괄호 안은 原字이다.)

1항의 '焚'(焚)	8항의 '廂'(廂)	10항의 '丈'(文)
11항의 '玉'(王)	15항의 '二'(一)	17항의 '火'(大)
20항의 '回'(?)	20항의 '給'(?)	30항의 '云'(?)
31항의 '王'(正)	34항의 '卽'(印)	39항의 '幼'(幻)
50항의 '于'(干)	55항의 '齋'(齊)	60항의 '百'(石)
63항의 '瓦'(丸)		

「天理」에서 행해진 이러한 加筆字 가운데 일부는 後學으로 하여금 이를 原字로 인식케 하는 계기가 되었다.210)

b) 闕字

제35, 56항 2개 항인데, 제35항의 闕字인 '龍'은 鮮初本인 「鶴筆」의 底本 鶴山本에서 발생된 것이고, 제56항의 '未'는 壬申本에서 발생된 것이다. 한편 일반적으로 「鶴筆」에서 闕字인 것은 壬申本에도 모두 闕字로 되어 있다.

c) 誤字

1) 鮮初本・壬申本 모두의 誤字

제57, 63항 2개 항인데, 제57항의 '友'는 '交'의 誤字로서 筆寫者의 誤寫에 의해서 야기된 것이고, 제63항의 '丸'은 '瓦'의 誤字로서 缺劃을 인해 야기된 것으로 생각된다. 이것은 鮮初本의 誤字가 壬申本에 답습된 것으로 卷三・四・五 전체를 통해보면 많은 例가 보이지만 여기서는 이 두 가지만 발췌하였다.

2) 鮮初本의 誤字

제13, 15, 19, 43, 45, 46, 47, 51, 62항 등 9개 항으로 鮮初本에서 발생된 誤字인데 壬申本에서 교정된 것이다, 용례는 아래와 같다.(괄호 안은 正字이다.)

13, 19항의 '頙'(頌)	15항의 '一'(二)	43항의 '深'(探)
45항의 '伐'(代)	46항의 '放'(救)	47항의 '侍'(恃)
51항의 '宋'(來)	62항의 '子'(于)	

210) 앞주 196・198・204) 참조.

3) 壬申本의 誤字

제9, 10, 22, 23, 27, 32, 33, 40, 41, 42, 49, 54, 60항 등 13개 항으로 鮮初本의 正字가 壬申本에서 誤字로 된 것이다. 단, 제9, 23 항은 「서울」을 제외한 판본에서 야기된 것이다. 용례는 아래와 같다.(괄호 안은 正字이다.)

9항의 '二'(三)	10항의 '文'(丈)	22항의 '舟'(州)
23항의 '二'(三)	27항의 '右'(古)	32항의 '匹'(囘)
33항의 '脫'(晩)	40항의 '工'(上)	41항의 '我'(裁)
42항의 '亘'(豆)	49항의 '姝'(妹)	54항의 '浚'(凌)
60항의 '石'(百)		

위에서 열거한 誤字의 원인을 분석하면 다음과 같다.

(1) 筆寫者의 誤寫에 의한 것: 제10, 13, 19, 22, 27, 32, 33, 41, 42, 43, 45, 46, 47, 49, 51, 54, 57, 62항 등 18개 항으로 筆寫者의 부주의로 인해서 字形이 유사한 誤字로 筆寫된 것이다.

(2) 刻手의 誤刻에 의한 것: 제40항 1개 항이다.

(3) 缺劃으로 인한 것: 제9, 15, 23, 60, 63항 등 5개 항으로 冊板의 완결로 발생된 缺劃으로 인해 誤字가 된 것이다.

d) 壞字

1) 鮮初本의 壞字

제2, 8, 14, 15, 18, 37항 등 6개 항으로 이것들은 壬申本에서는 전부 完字로 되어 있는 것이다.(壬申本에 完字로 되어 있는 것은, 鮮初本의 誤字가 壬申本에서 교정된 것이 9개 항이나 되는 것으로 볼 때, 鮮初本의 壞字가 壬申本에서 完字로 교정된 것이 아닌가 한다.)211) 용례를 보면 다음과 같다.(괄호 안은 完字이다.)

---

211) 앞주 170) 참조.

2항의 '二'(云)　　8항의 '一相'(廂)　　14항의 '二曰'(旨)
15항의 '一'(二)　　18항의 '至'(至)　　37항의 '丁'(汀)

2) 壬申本의 壞字

제3, 9, 15, 23, 31, 34, 36, 53, 58항 등 9개 항이다. 이 가운데
제9, 23, 31, 58항 등 4개 항은 壬申本 중에서 「서울」에는 完字로
되어 있고, 나머지 판본에만 壞字로 나타나고 있는 것이다.[212] 용례
는 아래와 같다.(괄호 안은 完字이다.)

3항의'爲'(僞)　　　9항의'二'(三)　　　15항의'一'(二)
23항의'二'(三)　　31항의'亡'(正)　　34항의'卯'(印)
36항의 '三'(土)　　53항의'立'(丘)　　58항의'方'(放)

위와 같은 壞字들은 冊板의 磨滅로 야기된 것으로서 誤字로 취급
될 수도 있는 것이라 하겠다.

e) 異字

제7항, 1개 항으로 鮮初本의 '曆'字가 壬申本에서는 同意同音 異
字인 '曆'으로 변형된 것이다. 이는 校勘學상 鮮初本의 '曆'을 正字
로 보아야 할 것이다.

f) 異常字

제16, 21, 28, 29, 44, 61항 등 6개 항인데, 제44항만 鮮初本에서
발생된 것이고, 나머지는 모두 壬申本에서 발생된 것이다. 誤寫 혹은
誤刻에 의한 이러한 異常字는 사실상 誤字나 다름없는 것들이다.

---

212) 이것은 壬申本 가운데「서울」이 가장 먼저 印出된 板本임을 알 수 있게 해주는
것이다.

g) 俗字

1) 鮮初本·壬申本 모두의 俗字

제5, 17, 48, 50, 52,항 등 5개 항이다, 제5, 17, 50, 항은 鮮初本에 俗字로 기재된 것[213]인데, 壬申本에서 그대로 수용된 것이고, 제48, 52,항은 각각 다른 俗字로 기재된 것이다. 용례는 아래와 같다. (괄호 안은 正字이다.)

5항의 '求'(永)	17항의 '大'(火)	48항의 '馬' '焉'(焉)
50항의 '干'(于)	52항의 '備' '備'(備)	

2) 鮮初本의 俗字

제12, 25, 33,항은 등 3개 항인데, 제12, 25항은 鮮初本의 俗字가 壬申本에서 正字로 기재된 것이고, 제33항은 鮮初本의 俗字가 壬申本에서 字形이 비슷한 誤字로 변형된 것이다. 용례는 다음과 같다. (괄호 안은 正字이다.)

12항의 '倈'(儉)	25항의 '八'(火)	33항의 '晚' '脫'(晩)

3) 壬申本의 俗字

제1, 4, 6, 8, 11, 26항 등 6개 항인데 鮮初本에 正字로 기재된 것이 壬申本에서 俗字로 변형된 것이다. 단, 제1, 8항은 鮮初本(「鶴筆」)의 缺落으로 인해 封校를 못했기 때문에 鮮初本에 正字로 기재되었는지의 여부는 알 수 없다. 용례를 보면 아래와 같다.(괄호 안은 正字이다).

1항의 '焚'(焚)	4항의 '丹'(丹) '	6항의 '血'(皿)
8항의 '廂'(廂)	11항의 '王'(玉)	26항의 '伹'(但)

---

213) 鮮初本의 底本에도 俗字로 기재되었는지, 鮮初本에 와서 俗字로 변형된 것인지는 상고하지 못하였다.

이러한 俗字들은 筆寫者의 趣向에 따라 변형된 것으로서, 혹 誤字로 인식될 여지가 있는 것이다.214)

위와 같이 살펴본 '卷三·四·五'에 대한 총 63개 항의 文字異同을 정리하여 表로 만들면 다음과 같다.

<표6> '卷三·四·五'에 대한 鮮初本·壬申本의 文字異同 類型

文字異同/板本의 類型	鮮初本·壬申本	鮮初本	壬申本	備　　考
加筆字		1	14	鮮初本은「鶴筆」의 底本인 鶴山本임
闕字	1		1	
誤字	2	9	13	壬申本(11),「서울」제외(2)
壞字		6	9	壬申本(5),「서울」제외(4)
異字			1	
俗字	5	3	6	
異常字		1	5	
計	8	20(19)	49(35)	(19),(35)는 加筆字를 뺀 數字임

이상과 같은 '卷三·四·五'에 대한 對校에서 특히 加筆字는 그 加筆이 다양하게 이루어졌음이 고찰되었다. 加筆字는 「鶴筆」(鶴山本)에서 1개 항, 「天理」에서 15개 항이 조사되었다. 그 유형을 보면, (1) 俗字를 正字로 (2) 壞字를 完字로 (3) 闕字에 加筆한 것 (4) 誤字를 正字로 (6) 壞字를 誤字로 (7) 正字를 通用字로 가필한 것이다. 그리고 이들 가운데 일부는 後學이 이러한 加筆字를 原字로 인식하는 동기가 되기도 하였다.

또한 俗子는 (1) 鮮初本·壬申本 모두의 俗子가 5항이었고, (2) 鮮初本의 俗子는 3개 항 (3) 壬申本의 俗子는 6개 항인데, 이러한 것은 筆寫者의 趣向에 따라 正字가 俗子로, 俗子가 正字로 변형된 것으로서 혹 誤字로 인식될 여지가 있는 것이다.

---

214) 이러한 類의 俗字들은「天理」에서 대부분 正字로 가필되어 있으며, 모든 校正本에서 거의 正字로 교정되었다.

Ⅲ. 既存 校正本의 誤校 및 未校正字

　기존의 교정본에서 「遺事」의 原文에 대한 校勘은 附錄 1, 2, 3, 4
인 "卷一, 卷二, 卷三·四·五의 文字異同과 既存 校正本의 校勘 狀
況"의 對校表에 보이는 바와 같이 상이하게 나타나고 있다.

　여기서는 第Ⅱ章에서 행해진 鮮初本(筆寫本 포함)과 壬申本 등 傳
存本의 對校를 통해 얻은 결과를 토대로 附錄 1, 2, 3, 4의 대교표
에 의거하여 기존 교정본에서의 誤校 및 未校正字를 究明하고 또한
이에 대한 원인을 고찰하고자 한다.

　먼저 先學의 校正本[1]에서 다시 訂正되어야 할 誤校 및 未校正字
를 「遺事」의 卷別 및 校正本別로 추려 내어 表로 만들면 다음과 같
다. [<표 2>에서 '張·行·字'는 「遺事」板本(鮮初本·壬申本)에서는
張·行·字 숫자이고, '□'는 闕字, 'x'는 원래 없는 字를 의미하며,
'正字'는 필자가 校勘한 字이다.]

---

1) 表에 보이는 既存 校正本의 略稱은 다음과 같다.
　崔南善(崔南善 校正本): 「校訂三國遺事」(民衆書館, 1946)
　李丙燾(李丙燾 校正本): 「譯註幷原文 三國遺事」(東國文化社, 1956)
　今西龍(今西龍 校正本): 「三國遺事」[圖書刊行會(3版), 1974]
　「末松」(末松保和 校正本): <王曆> [「三國遺事」圖書刊行會(3版)의 附錄, 1974]
　「考證」(일본三國遺事研究會 校正本): 「三國遺事考證」 上·中(高書房, 1975·1979)
　「對校」(한국三國遺事研究會 校正本): <對校遺事考證>, 「韓國傳統文化研究」1-3(曉
　　　　　　　　　　　　　　　　　　　　　星女大, 1985-87)
　김용옥(김용옥 校正本): 「三國遺事引得」(통나무, 1992)

<표 7> 三國遺事에 대한 旣存 校正本의 誤校 및 未校正字

<王曆> 張・行・字\校正本	崔南善	今西龍	李丙燾	「考證」	末松	김용옥	正字
1前, 5, 14右		之		之			一
1前, 10, 7右			(十)				十
1前, 10, 3左		卄	(九)				八
2後, 7, 9右		□		□		要	召
2後, 9, 13左		×					三
3前, 7, 14右							婆
5前, 11, 20右				言	(孝)	孝	慕
5後, 7, 7右		是		是(改)			定
6後, 1, 1	(孝)	孝	孝	孝		又(王)	穆
7前, 6, 13右				(又)	□		一
7前, 6, 13左							×
7後, 9, 9左				□			未
7後, 11, 13左		×	×	×	於		二
8前, 3. 8右		明			×		州
8後, 2, 10右		於		於			儉
8後, 2,17右		□		×			一
8後, 7, 11左				日	癸		巳
8後, 7, 12左				丑	行		刀
8後, 8, 24右		癸			十三	<四>十三	辛
8後, 8, 11左		行		行	×		齋
8後, 8, 25右	(四)十三		(四)十三		×		十二
8後, 9, 7右		×		×	×		人
9前, 1, 7左		×		□			終
9前, 1, 8左		×		□			時
9前, 2, 5右				刺			剃
9前, 2, 8左	逝		逝	□		卒(逝)	卒

張·行·字\校正本	崔南善	今西龍	李丙燾	「考證」	末松	김용옥	正字
9後, 3, 8右				國			岡
9後, 3, 5左		動		動	動		南
9後, 3, 6左		之		之	之		史
9後, 10, 18右		語		語			輪
10後, 1, 4左	武	武	武	武	武	歲(武)	成
13前, 1, 26右		鳥	鳥	鳥	鳥		鳥
13前, 2, 14左		式	式				致
15前, 2, 5左			三	三	三		二
計	4	21	10	25	15	6	34

'卷一'

張行字\校正本	崔南善	今西龍	李丙燾	「考證」	「對校」	김용옥	正字
1後, 1, 11		衞					漸
1後, 5, 4	國				國		因
7前, 1, 9	二	二	二	二	二	二	三
7前, 2, 7		二		二		二	三
8前, 5, 8		俠		俠			淚
8後, 3, 1		言			言		高
8後, 7, 2					知		私
11後, 5, 4左		替	替	替	替	替(潛)	潛
12前, 6, 12		佸					活
16前, 1, 16		治					冶
16前, 2, 21	爲			爲			焉
16後, 5, 14左		工					土
17前, 4, 6		故					於
17後, 4, 17				來(求)		來(求)	求
26前, 6, 11		二	二	二	二	二	三
26前, 7, 15	其						某
27前, 1, 13右				獨(往)	獨(往)		往
31前, 7, 10						一	二
34後, 2, 7				心			必
35前, 10, 12				一			二

張行字\校正本	崔南善	今西龍	李丙燾	「考證」	「對校」	김용옥	正字
36前, 10, 5右	火人	人		人			
計	4	13	3	10	7	7	21
'卷二'							
張行字\校正本	崔南善	今西龍	李丙燾	「考證」	「對校」	김용옥	正字
1後, 8, 10				興			與
2前, 3, 17	憚	憚	憚	憚	憚	悼(憚)	悼
2前, 7, 9	槧	槧	憚	槧	槧	槧	塹
2後, 1, 15右	大	大	槧				云
3後, 8, 21	□		大				正
4前, 4, 21		門					間
4前, 10, 8	於	於		於	於	於	旅
7後, 5, 2			於	同(問)			問
8後, 4, 20				未(夫)			夫
11後, 1, 12	修			修			終
22前, 4, 13				王			亡
23前, 10, 3	恂	恂		恂	恂		拘
24後, 1, 11			恂	三			亡
24後, 2, 16	衛		衛		衛		衕
29後, 6, 21				王(亡)			亡
32前, 9, 13				遒(道)			道
32後, 1, 4				虜			慮
35前, 9, 14	連	連	連	連	連	連	漣
35後, 7, 5		耶	耶				則
37後, 1, 21				椎(雄)			雄
38前, 7, 6	着	着	着		着	着	著
40前, 2, 14	駿	駿	駿	駿	駿	駿	駿
40前, 3, 14左	國	國	國	國	國	國	岡
41前, 2, 2				花(苙)			苙
41前, 10, 4	感						咸
42前, 3, 7	煖	煖	煖				媛

張行字\校正本	崔南善	今西龍	李丙燾	「考證」	「對校」	김용옥	正字
43前, 2, 20	趾	趾	趾	趾			趾
43後, 10, 8	怪	怪	怪	怪	怪		怖
45後, 1, 12左	稚	稚	稚	稚			稱
45後, 5, 18		問	問	問	問		間
47前, 1, 21	□	□	×				二
48後, 6, 9	親	親	親	親	親	親	親
計	19	18	18	23	12	8	32

'卷三·四·五'

卷.	張行字\校正本	崔南善	今西龍	李丙燾	「對校」	김용옥	正字
卷三.	7前, 1, 20左	爲	爲			爲(僞)	僞
	11前, 5, 13右				盖		羊皿
	13後, 4, 14	歷	歷	歷			曆
	19後, 2, 13	二					三
	55前, 9, 11		二	二	二		三
卷四.	8後, 4, 16			椎		椎	催
	12前, 2, 20		匹	匹			叵
	16前, 5, 2		□				身
	20後, 8, 5		我				裁
	21後, 6, 20左		亘	亘			豆
卷五.	12後, 8, 7	齋	齋	齋		齋	齊
	15後, 9, 14		方	方			邡
	23前, 9, 18	橃	橃	橃		橃	搬
	計	5	10	8	2	4	13

校正本	崔南善	今西龍	李丙燾	「考證」	「對校」	末松	김용옥	正字
統　計	32	62	39	58	21	15	25	100

　　傳存本의 對校를 통한 校勘의 결과를 가지고, 旣存 校正本의 誤校 및 未校正字를 <表 7>에 보이는 바와 같이 모두 100개 항에 걸쳐 究明하였다.

이를 校正本別로 살펴보면, 1) 崔南善 교정본은 32개 항, 2) 今西龍 교정본은 62개 항, 3) 李丙燾 교정본은 39개 항, 4) 「考證」(「三國遺事 考證」)은 58개 항, 5) 「對校」(「對校三國遺事」)는 21개 항, 6) 김용옥 교정본은 25개 항, 7) 末松 교정본은 15개 항에 걸쳐서 訂正되어야 할 것들이 究明된 것이다.(단, 「考證」은 <王曆> 포함 '卷二'까지, 「對 校」는 <王曆>을 제외한 '卷三'까지, 末松 교정본은 <王曆>만이 校正 이 이루어진 것이다.)

先學의 교정본에서 이와 같은 誤校 및 未校正字가 발생된 것은 이들 교정본이 「遺事」의 板本 가운데 전승 층위상 가장 후대의 판본인 壬申本을 그 주된 底本으로 삼았고, 古板本인 鮮初本과의 綿密한 對 校를 거치지 못하였으며, 간혹 壬申本인 「天理」에서 행해진 加筆字 를 原字 혹은 正字로 인식하여 校勘의 대상으로 삼았음에 그 원인2) 이 있는 것이다.

또한 기존의 교정본에서 찾아 낸 '誤校 및 未校正字'는 그 數量에 있어서 각 校正本別로 심한 격차가 있으며, 각 교정본의 卷別로도 차이가 있음을 발견할 수 있다. 기존 교정본의 誤校와 未校正字의 數字만을 각 校正本別 및 卷別로 묶어서 表로 만들면 다음과 같다.

<표 8> 旣存 校正本의 誤校 및 未校正字의 數量

卷次＼校正本	今西龍	「考證」	李丙燾	崔南善	김용옥	「對校」	末松	張數	鮮初本
王曆	21	25	10	4	6	?	15	15張	石南本
卷一	13	10	3	4	7	7	?	37張	石南本
卷二	18	23	18	19	8	12	?	49張	泥山本
卷三·四·五	10	?	8	5	4	2(?)	?	117張	鶴山本
計	62	58(?)	39	32	25	21(?)	15(?)	218張	

---

2) 이와 같은 결론은 제Ⅱ장에서 考究된 諸板本間의 文字異同 398개 항 가운데 <표 7>에 나타난 誤校 및 未校正字 100개 항이 해당되는 문자이동의 연구 결과에 의거해서 그 원인을 종합적으로 분석하여 내려진 것이다.

먼저 校正木別로 살펴볼 때, 今西龍과 「考證」의 誤校 및 未校正字
가 여타의 교정본에 비해 현격하게 많은 것은 校勘者가 「遺事」의 板
本 가운데 전승 층위상 가장 후대의 판본인 壬申本 중에서도 특히
加筆字가 많은 「天理」를 그 주된 底本으로 삼았기 때문이다.

다음으로 卷別로 그 數字를 살펴보면, 李丙燾·崔南善 교정본에
있어서 다른 卷次에 비해 '卷二'에서 유독 誤校 및 未校正字가 많이
발생되었다. 이는 鮮初本인 「泥山」을 교감에 참고하지 못했기 때문
이다.

그리고 末松의 경우는 <王曆>을 壬申本과 鮮初本(石南本)에 의거하
여 교감을 하였기 때문에 鮮初本을 참고하지 못한 今西龍과 「考證」보
다는 誤校와 未校正字가 적은 반면에, 鮮初本을 참고한 李丙燾·崔南
善·김용옥의 교정본에 비해 그 數字가 훨씬 많은 것은 鮮初本과 壬
申本의 對校가 정밀치 못했음에 그 원인이 있는 것이다.

Ⅳ. 對校를 통한 板本의 檢討

이 章에서는 諸 板本 간의 對校 및 對照를 통하여 '諸 板本의 性格'・'壬申本의 板刻經緯' 및 '板本의 行・字數' 등에 대해서 고찰하고자 한다.

1. 諸 板本의 性格

「遺事」의 傳存本으로 알려진 것은 앞의 <表1> '「三國遺事」의 傳存狀況'에서 보이는 바와 같이 古板本인 鮮初本 4種과 鮮初本의 筆寫本 1種, 壬申本 계열의 板本 9種과 壬申本의 筆寫本 2種 등 도합 16種이다. 이 가운데 本 硏究에서 考察 대상으로 삼았던 鮮初本(石南本・鶴山本)의 筆寫本인 「石筆」・「鶴筆」과 壬申本 계열의 「서울」・「天理」・「晚松」, 「蓬左」・「武者」 등 7種을 중심으로 고찰하고자 한다.1) 지금까지의 분석결과에 의해 제판본의 성격에 대해 다음과 같은 결론을 내릴 수

---

1) 이것은 「遺事」의 原板本이 아닌 판본의 影印本과 複寫本을 주된 대상으로 한 고찰임으로 어느 정도의 한계가 있다. 한편, 鮮初本인 泥山本에 대해서는 이미 南權熙에 의해서 상세한 연구가 진행된 바(南權熙, <泥山本 「三國遺事」의 書誌的 考察>, 「書誌學硏究」5・6합집, 書誌學會, 1990), 여기서는 論外로 한다.

있다.

　a.「石筆」·「鶴筆」(高麗大所藏筆寫本): 高大에 소장되어 있는 것으로 <王曆>卷一의 鮮初本인 石南本과 卷三·四·五의 鶴山本을 筆寫하여 합한 것이다.2) (前者를「石筆」, 後者를「鶴筆」로 약칭한 것임). 이 筆寫本은 底本의 體裁와 文字가 充實하게 필사된 것이다. 底本의 行·字數를 그대로 따르고, 空欄으로 되어 있는 것은 空欄으로 두었으며, 底本에서 板木의 완결로 인해서 壞字가 된 것도 壞字 그대로 필사를 하여 原本과 다름없는 사료적 가치를 지니고 있다. 또한 壬申本(天理大本)과의 對校를 통해서 校勘된 頭註가 기재되어 있다. 그러나 이 頭註는 간혹「天理」에서 행해진 加筆字를 原字로 인식하여 校勘의 대상으로 삼기도 하였다.3)

　b.「서울」(서울大本):「서울」은 6·25 이후 黃義敦이 수장했던 것으로 通文館의 李謙魯 氏를 거쳐 서울大 奎章閣에 소장되어 있다. 이 板本은 壬申本 계열의 板本 가운데에서도 가장 먼저 印出된 것으로, 여타의 板本에서 板木의 완결로 인해 闕字와 壞字가 된 것이「서울」에서는 完字로 나타나고 있다.4) 간혹 加筆字가 있는 것이 흠이기는 하나 傳存되고 있는 壬申本 가운데에서 가장 善本이라 할 수 있는 板本이다.

　한편 金相鉉은 아래의 崔南善의 언급5)에 착안하여「遺事」板本의

---

2) 이 筆寫本의 첫머리에는 다음과 같은 글이 적혀 있다.
　　"依石南宋錫夏氏溫麗樓所藏古板本　謄寫第壹卷及王曆　第三四五卷卽依鶴山李仁榮氏藏本也. 而二本恐是同一板也"
　　李基白은 이 筆寫本이 1940년 이후 당시 普專圖書館長이었던 孫晉泰先生에 의해서 성립된 것으로 추측하였다(李基白, <「三國遺事」筆寫本>,「高大圖書館報」2, 1979, p.4).

3) 제Ⅱ章의 脚註 12)·15) 참조. 이러한 예는 이 筆寫本에서 빈번히 나타난다.

4) 제Ⅱ章의 脚註 75) 참조.

5) 우리는 崔南善의 이 언급에 매우 중요한 사실이 내재되어 있음을 간과해서는 안 된다. 筆者는 崔南善이 수장했던 光文會藏本 第一號 卷3·4·5 [光文會本은 朝鮮光文會에서 널리 사람을 놓아 찾은 결과, 僧侶들이 수장하고 있던 下冊(卷3·4·5)三本을 입수하여 수장하던 것을 光文會本 제1호, 제2호, 제3호라고 했는데,

補刻 문제를 제기하여, 「서울」이 1512년에 重刊된 이후 補刻된 壬申本의 補刻本이라는 견해를 보였다.6)

　　"現行하는 本에도 異板이 더러 있음은 朝鮮光文會藏本 第一號에는 卷第三 第二葉 第五行의 「墨胡子見之」로 終하얐거늘 安鼎福舊藏本에는 「墨胡子見」으로 終하고 之字는 次行의 首에 入하얐음 같음으로 알 것이며, 또 光文會 第二號본에는 卷第四 第四葉이 完整한데 安氏本에는 後面의 上部가 析破하야 그 破隙이 마치 缺字된 것처럼 보임과 安本에는 卷第四第九葉後面第九行注가 或云金時祖라 하얐거늘 光文會第一號二號本이 다 或金時祖라 하야 云字를 缺함 같음으로써 보건대 印出의 선후를 의하야 字行의 差違가 있음을 알지니라."7)

현재 高大 六堂文庫에 1책이 소장되어 있는 바, 「天理」보다는 「서울」과 같은 시기에 印出된 壬申本으로서(金相鉉, <三國遺事의 書誌學的 考察>, 「三國遺事의 綜合的 考察」, 精文硏, 1987, p.60 참조), 바로 光文會에서 입수한 三本 가운데 제2호나 제3호의 하나일 것이며, 나머지 2本은 현재 행방불명인데, 이 가운데 光文會本 제1호가 속해 있을 것으로 생각된다.]가 壬申本이 아닌 鮮初本이었을 것으로 추측한다. 왜냐하면 崔南善은 光文會本 제1호에는 卷3, 제2葉, 제5行이 '墨胡子見之'로 되어 있고, 安鼎福舊藏本('天理')에는 '墨胡子見'으로 되어 있으며 之字는 次行의 首에 있다 하여, 光文會本이 「天理」와 다른, 鮮初本 계열이 아닌, 現行本(壬申本)의 異板本임을 언급했지만, 傳存되는 壬申本은 전부 '墨胡子見'으로 되어 있다. 金相鉉이 補刻板으로 주장하는 「서울」도 동일하다. 그렇다면 이것은 壬申本의 異板本이 아니고, 아마도 鮮初本 계열의 板本일 수가 있다(鮮初本이 壬申本으로 전승되면서 行字가 바뀐 경우를 王曆篇에서도 찾을 수가 있다. 혹 原刊本 계열의 板本일 수도 있겠지만, 만일 原刊本 계열의 古板本이었다면 崔南善이 이를 식별할 수 있었을 것이다).
그리고 光文會本 제1호의 卷4, 9張 後面, 9行,의 註는 '或金時祖'로 되어 있고, 安本('天理')에는 '或云金時祖'로 되어 있다고 하였지만, 安本의 '云'字는 加筆字임이 분명한 字이고(이 '云'字는 모든 壬申本에는 없는 字이며, 安本에서 加筆된 이 '云'字 위의 '千'字 역시 다른 壬申本에서 완결로 缺劃을 보이고 있지만, 加筆하여 完字로 만들어 놓고 있다), 원래 安本을 포함한 모든 壬申本에 없는 字이다. 결국은 光文會本 제1호와 壬申本의 이 부분은 동일하게 되어 있었던 것이다.
6) 金相鉉, <三國遺事의 書誌學的 考察>, 「三國遺事의 綜合的 考察」, 精文硏, 1987. p.59.
7) 崔南善, <三國遺事解題>, 「三國遺事」, 「啓明」 第十八號, 1927, p.42.
　　崔南善, <三國遺事解題>, 「增補三國遺事」, 1954, p.56.

金相鉉은 다음과 같은 「서울」과 「天理」의 對校 결과를 놓고 「서울」에 補刻板이 들어 있을 것으로 추측하였다.8) 아래에서 a는 「天理」이고, b는 「서울」이다.

"① 王曆 제1장 뒷면 7행 중의 경우, a에 「稷山」으로 된 것이, b에는 「杜山」으로 새겼다. b의 誤刻인 듯 하다.

② 王曆 제3장 앞면 8행 중의 경우, a에 「夫人」으로 된 것이, b에는 「文人」으로 되어 있다. 물론 b의 誤刻이다.

③ 王曆 제9장 및 제10장의 경우, a는 대단히 흐려 어떤 글자는 판독이 어려운 형편인데, b는 비교적 깨끗한 편이다.

④ 卷1 제26장 앞면 7행의 경우, a에 「某年」으로 된 것을, b에는 「其年」으로 잘못 새겼다.

⑤ 卷2의 제34장, 35장의 版心이 相異하다. 즉 a에는 「三十四·三十五」로, b에는 「卅四·卅五」로 되어 있음이 그렇다.

⑥ 卷3의 제2장 앞면 6행 중, a에는 「焚」으로 되어 있는 것을 b에는 「梵」으로 잘못 새겼다.

⑦ 卷3의 제19장 뒷면 2행 중, a에는 「二十三代聖德王」으로 되어 있는 것이, b 에는 「三十三代聖德王」으로 정정되었다.

⑧ 卷3의 제55장 앞면 9행 중, a에는 「第二十一主新文王」으로 되어 있던 것이, b에는 「第三十一主新文王」으로 정정되었다.

⑨ 卷4 第2장 뒷면 9행 중, a에는 「兒」로 된 글자가 b에는 「(兒)」로 되어 있다.

⑩ 卷4 제8장 앞면 5행 중, a에는 「廢寺」로 된 것이, b에는 「癈寺」로 되어 있다."

그러나 金相鉉의 위와 같은 고찰은 잘못된 것이다.

첫째, ①에서 a(「天理」)에 「稷山」으로 되어 있다는 '稷'은; 원래

---

8) 金相鉉, 전게서, p.59.

‘杜’로 되어 있는 것으로 b(「서울」)의 ‘杜’와 같은 字이다. 즉 「天理」
에서의 誤刻이 아니라, 「天理」에서 ‘杜’에다 加筆하여 ‘稷’으로 개조
한 것이었다.9)

　둘째, ②에서 「天理」의 ‘夫人’과 「서울」의 ‘文人’은; 역시 「서울」
에서의 誤刻이 아니라, 加筆字로 생각된다.10)

　셋째, ③에서 「天理」는 板面(紙面)이 대단히 흐리고 판독이 어렵지
만 「서울」은 비교적 깨끗하다는 것은; 이 兩本이 異板本에서가 아니
라, 「서울」이 「天理」보다 먼저 印出되었던 결과이다.11) 역시 「서울」
보다 후에 印出된 「晚松」의 경우도 「天理」와 비슷한 양상을 보여 주
고 있다.

　넷째, ④에서 「天理」의 ‘某年’을 「서울」에서는 ‘其年’으로 잘못 새
겼다는 것은; 이 역시 「天理」에서 加筆하여 ‘某’字로 만들어 놓은 것
이다. 「天理」를 제외한 壬申本의 모든 板本에는 ‘其’字로 되어 있는
바, 「서울」에서 잘못 새긴 것이 아니라 원래 壬申本에 ‘其’로 되어
있는 것을 「天理」에서 加筆하여 ‘某’字로 개조한 것이다.

　다섯째, ⑤에서 卷二의 제34장・35장의 版心이 「天理」는 ‘三十四’,
‘三十五’로 「서울」에서는 ‘卅四’, ‘卅五’로 되어 있어서 「서울」이 「天
理」와는 다른 補刻板이라는 것에 대해서는 좀 더 자세히 고찰할 필
요가 있다. 여기에 대해서 諸 板本의 간략한 文字異同 對校表를 만
들면 <表 9>와 같다.

　다음의 <表 9>와 같이 문제의 34장, 35장의 文字異同을 살펴본
바, 아래와 같은 현상이 발견되었다.

　ㄴ의 ‘淸’은 「서울」의 完字인 淸자가 나머지에서 모두 결획이 되
어, ‘淸’字가 되었고, 「天理」에서는 加筆하여 ‘淸’으로 만들었다.

---

9) 제Ⅱ章의 脚註 12) 참조.
10) 제Ⅱ章의 脚註 18) 참조.
11) 제Ⅱ章의 脚註 79) 참조.

ㄷ의 '於'는 모든 板本에서 '於'字에 缺劃이 보이는데, 「天理」에서
는 역시 加筆하여 完字로 만들었다.

<表9> 卷二의 제34·35장에 대한 板本 間의 文字異同

板本\張行字	ㄱ	ㄴ	ㄷ	ㄹ	ㅁ	ㅂ
	34, 版心	34前, 3, 11	34後, 6, 8	35, 版心	35前, 4, 6	35後, 2, 15
「泥山」	卅四	淸	於	卅五	淸	尊
「서울」	卅四	淸(完字)	於(缺劃)	卅五	淸(完字)	尊(缺劃)
「天理」	三十四 (加筆字)	淸 (加筆, 完字)	於 (加筆, 完字)	三十五	淸 (加筆로 변함)	尊 (加筆, 完字)
「晩松」	卅四	淸(缺劃)	於(缺劃)	卅五	淸(完字)	尊(缺劃)
「蓬左」	?	淸(缺劃)	於(缺劃)	?	淸(完字)	尊(缺劃)

ㅁ의 '淸'은 원래 鮮初本인 泥山本에서 '淸'字였던 것이 壬申本에
서는 同音異字인 '淸'으로 변형된 것인데, 「天理」에서는 加筆하여 원
래의 字인 '淸'으로 만들어 놓은 것이다.[12]

ㅂ의 '尊'은 모든 壬申本에서 板木의 완결로 인한 缺劃을 보이고
있는 壞字인데, 「天理」에서는 加筆하여 完字로 만들어 놓은 것이다.[13]

ㄱ, ㄹ의 '三十四', '三十五'는 위와 같은 「天理」의 病症으로 보아,
역시 「天理」에서의 加筆이 아닌가 한다. 사실 鮮初本인 泥山本에도
'三十四', '三十五'는 다른 壬申本같이 '卅四', '卅五'로 되어 있다.(만
일 金相鉉의 견해가 옳다면 「天理」를 제외한 傳存되고 있는 모든 壬
申本은 補刻本이 되는 셈이다. 그러나 「天理」보다 먼저 印出된 「서울
」에 補刻板이 있을 수는 없는 것이 아닌가?).

여섯째, ⑥에서 「天理」의 '焚'과 「서울」의 '焚'은; 「서울」의 '焚'은
'焚'의 俗字[14]로서 「天理」만이 '焚'字이고 「서울」과 「蓬左」에는 俗字

---

12) 상동
13) 상동
14) 秦公 編, 「碑別字新編」, 文物出版社, 1985, p.213 참조.

인 ‘焚’으로 되어 있다.(「晚松」은 이 張이 缺落되어 확인할 수가 없었다.) 이 역시 「서울」에서 잘못 새긴 것이 아니라 「天理」에서는 加筆者에 의해서 원래 ‘焚’의 俗字인 ‘焚’字로 되어 있던 것이 正字인 ‘焚’으로 둔갑된 것이다.

일곱째, ⑦에서 「天理」의 ‘二’와 「서울」의 ‘三’은; 이것 역시 壬申本에서 「서울」을 제외한 모든 板本에 보이는 壞字15)로서, 「天理」의 ‘二’는 ‘三’字에서 上‘一’劃이 字缺로 인해서 誤字가 된 것이다.(‘三’字 가운데 上‘一’劃이 缺失되었다는 것은 兩本의 실물 크기 복사본을 대조해서 얻은 결과로서 아래 項도 동일하다.)

여덟째, ⑧에서 「天理」의 ‘二’와 「서울」의 ‘三’은; 위와 같은 경우로서 「天理」에서 中‘一’劃이 결실된 誤字인 것이다.

아홉째, ⑨에서 「天理」의 ‘𥠑’와 「서울」의 ‘𠂈’은; 모든 壬申本에 나타난 壞字16)로서 「天理」에서는 ‘𥠑’의 壞字인 ‘𠂈’로 되어 있는 것을 加筆하여 ‘𥠑’字로 만들어 놓은 것이다.

열째, ⑩에서 「天理」의 ‘廢’와 「서울」의 ‘癈’는; 壬申本의 모든 板本에 ‘癈’字로 되어 있는 것을 「天理」에서는 산삭을 가해 ‘廢’字로 만들어 놓은 것이다.(「天理」의 이와 같은 산삭은 아마도 ‘癈’字보다는 ‘廢’가 문맥에 맞는다고 생각한 데에 기인한 것이 아닌가 한다.)

이상과 같이 살펴보았을 때,17) 「서울」에 補刻板이 들어 있을 가능성은 거의 없으며, 壬申本 이후의 補刻18)은 없었던 것으로 인식되어야 옳다.19) 또한 「서울」은 「天理」보다 먼저 印出된 것으로 전존되고

---

15) 앞주 12) 참조.

16) 상 동

17) 金相鉉의 위와 같은 錯誤는 「天理」에서 행해진 加筆과 刪削, 그리고 板木의 완결로 인한 壞字를 看過한데 기인된 것으로 생각된다.

18) 金相鉉은 壬申本 이후의 補刻 問題를 거론하면서, 그 補刻本으로 서울大本을 들었다(金相鉉, <三國遺事의 刊行과 流通>, 「韓國史硏究」,38, 1982, p.55).

19) 佛敎全書編纂委員會(「佛敎全書」, 東國大, 1984), 南權熙(南權熙, 전게논문) 등은 上記한 金相鉉의 說을 수용하고 있다.

있는 壬申本 가운데 最古, 最善本으로 보는 것이 타당하다.

c. 「天理」(天理大本): 1916년 今西龍이 京城의 한 서점에서 입수한 것인데, 현재 日本 天理大에 소장되어 있다. 이 板本은 壬申本 가운데 最古 最善本으로,[20] 일찍이 金緣(1478-1544)이 收藏했던 것[21]으로서 훗날 順庵 安鼎福(1712-19)이 수장하면서 加筆했기에 順庵 手澤本으로 불린다[22]고 한다.

그러나 이 「天理」는 附錄 1 '王曆에 대한 諸 板本의 文字異同과 旣存 校訂本의 校勘'의 對校表와 앞 項에서 보이듯이 最古 最善本이 아니라 加筆투성이의 改惡本이며, 이 加筆은 後學을 미혹하게 만들었다.[23]

또한 '順庵手澤本'이라는 것도 그 근거가 매우 미약하다. '順庵手澤本'이라는 說이 제일 먼저 언급된 것은 1921년 內藤虎次郎의 <影印正德本三國遺事序>[24]에서 "今西君龍 別藏一本 亦正德刊 順獨完好 無一缺葉 間有校語 爲順庵安鼎福手筆……"이었고(여기에 대해서 前間恭作은 順庵의 手筆이라는 근거가 확실하게 제시되지 않았음을 지적하기도 하였다.[25] 今西龍은 1926년 <正德刊本三國遺事に就て>에서 다음과 같이 기술하였다.

"……著述에 이 책(「遺事」)을 인용한 學者로 順庵이 있다. 나는

---

20) 村上四南, <三國遺事解說>, 「朝鮮學報」99·100집, 1981, p.261.
21) 이 「天理」의 첫째 장에는 '先相公家藏書'와 그 아래의 '男富儀謹追記'라는 두 개의 藏書印이 날인되어 있다. 今西龍은 이 장서인이 金富儀(1525-1582)가 그의 부친인 金緣(1487-1544)의 遺愛本에 날인한 것으로 주장했다(金相鉉, <三國遺事의 書誌學的 考察>, 「三國遺事의 綜合的 考察」, 精文研, 1987, p.62의 각주 123) 참조).
22) 金相鉉, 상게서, p.62.
23) 제II章 1節의 b-1)항 참조
24) 이 序는 1926년에 발행된 「影印正德本三國遺事」(京都帝國大學文學部叢書6)에 수록된 것으로 1921년에 작성되었다(村上四男, <三國遺事解說>, 「朝鮮學報」22·100輯, 1981, p.264 참조).
25) 前間恭作, 「古鮮冊譜」, '東洋文庫叢刊11', 1957, p.666.

順庵의 스승인 星湖 李瀷이 順庵에게 준 書翰을 一括해서 48통을
소장하고 있는데 이 書翰에 의해서 安氏가 三國遺事를 소장한 것으
로 추측하고 있다.……이 책은 실로 順庵의 手澤本으로서 곳곳에 自
筆의 識語가 있다.……安氏는 이 책의 鏡紙에 史家라고 칭하는 자도
이 책을 본 자는 드물어 진귀한 책이 되는 이유를 기록했다."[26]

이로써 內藤의 '順庵手澤本'說을 계승하였음을 볼 수 있다. 이것은
이후 崔南善·李丙燾·金相鉉 등 모든 학자에 의해서 수용되었다.

그러나 前間恭作[27]과 孫晉泰 先生[28]이 지적한 바와 같이 順庵의
手澤이라는 확실한 論據가 제시된 것은 아니다. 결국 '校語'(頭註)와
곳곳의 '識語'(狹書)라고 '鏡紙의 記錄'(題辭)이 順庵의 自筆이라는 것
이 그 근거가 되는 듯하지만, 이것들이 順庵의 自筆임을 어떻게 증명
할 수 있는 것인가? 頭註, 狹書, 題辭가 順庵의 筆跡임을 論證도 하지
않고 '順庵手澤本'이라고 부르는 것은 무리가 아닌가 한다.

한편 「天理」의 收藏者였던 金緣은 1544년 2월 2일부터 同年 9월까
지 慶州府尹을 역임하다가 殉職한 것[29]으로 보아, 金緣이 1544년 慶
州府尹 시절 慶州에서 「天理」를 收藏하게 된 것으로 추측한다. 또한
1512년 壬申本의 板刻으로부터 1544년까지의 32년의 기간과 「天理」에
서 보이는 壞字의 양상으로 보았을 때, 혹 이때에 金緣이 새로 「天理」를
印出하여 收藏했을 가능성이 짙다 하겠다.

　d. 「晚松」(高大晚松文庫本): 1980년 10월, 學界에 이 板本이 京鄕新

---

26) 今西龍, <正德刊本三國遺事に就て>, 「典籍之研究」5, 1926, p.115.
27) 앞주 27) 참조.
28) 孫晉泰, <三國遺事의 藏印>, 「孫晉泰先生全集」6, 太學社, 1926, p.115.
　　孫晉泰는 前間恭作의 지적을 수용하면서 『天理』에서 산견되는 狹홀을 金緻의
　　筆로 인식하였다. 반면에 金相鉉은 「天理」의 頭註 가운데 1669년(사실은 1670년
　　임. 柳富鉉, <「東京雜記」의 書誌的 研究>, 「書誌學研究」7, 1991, p.69 참조)에
　　간행된 「東京雜記」가 인용되어 있음을 들어 孫晉泰의 주장은 잘못된 것이라고
　　하였다(金相鉉, 전게서, p.62).
29) 慶州市史編纂委員會, <慶州府先生案>, 「慶州市誌」, 1971, p.287.

聞(80. 10. 14)을 통해 소개되었고, 현재 高大 晚松文庫에 소장되어 있다. 이 板本에는 加筆字는 거의 없으나 5張의 紙葉이 缺落되었다.

이 판본의 印出時期에 대해서, 金相鉉은 이 板本의 1卷 32張 裏面에 기재되어 있는 紙背古文書 "嘉靖十三年(1534)……盈德縣令爲相考事"의 내용과 1卷 37張 後面 餘白에 적혀 있는 石洲 權韠(1569-1612)의 詩 '登摩尼山'에 근거하여 이 印本이 1534년으로부터 1612년 사이에 印出된 것으로 짐작하였다.30) 여기에서 좀 더 구체적으로 인출 시기를 추정하면, 「晚松」의 壞字 상태가 附錄인 諸 板本의 文字異同 對校表에서 보이듯이 「天理」와 거의 비슷하며 간혹 심한 상태를 보여 주고 있는바31) 「天理」의 인출 시기(필자는 앞항에서 「天理」가 1544년에 印出되었을 가능성을 제시하였다)인 1544년보다 다소 늦은 얼마 안 되는 시기에 印出되었을 것으로 생각된다.

e. 「蓬左」(日本蓬左文庫本): 이른바 德川本으로서 壬亂 때 加藤淸正이 가져가 德川家에 秘藏되었던 것으로, 현재 日本 名古屋 蓬左文庫에 소장되어 있다.32) 전체 7장이 缺落되었고, 壬申本 가운데에서도 매우 심한 字缺로 인한 壞字의 양상을 보이고 있는바33) 「天理」의 인출 시기인 1544년 이후 壬亂이 勃發된 1592년 사이에 印出된 확연한 後刷本이다.

f. 「武者」(國立中央圖書館所藏, 寫眞版): 이것은 板本이 아니라 축소된 寫眞版으로 <王曆> 22枚(제1, 2, 3, 4장은 결실됨)만이 傳存되고 있다.

武者鍊三藏本을 朝鮮古蹟研究會에서 14년(大正, 1925. 혹은 昭和, 1939) 12월 14일에 今關이 촬영한 것인데, 그 후 中央行政圖書館에서

---

30) 金相鉉, 전게서, p.62.
31) 본고 제Ⅱ章 1節의 b-98항 참조..
32) 南權熙, 전게서, p.210에 자세한 설명이 되어 있다.
33) 제Ⅱ章 脚註 75) 참조..

소장되어 있다가 1972년 3월 2일 "管理 전환"으로 國立中央圖書館으로 移管된 것이다.34)(도서청구번호는 '고 0236-26'이다.) 이 寫眞版에서는 앞의 「蓬左」보다 약간 심한 壞字의 상태를 보이고 있는바, 그 原本35)은 「蓬左」보다 다소 늦게 印出되었을 것으로 생각된다.36)

위에서 살펴본 바를 종합하면, 「石筆」, 「鶴筆」은 비록 石南本「鶴山本의 筆寫本이기는 하나, 底本의 體裁와 文字가 充實하게 筆寫되었기 때문에 原本과 다름없는 사료적 가치를 지니고 있다. 종래 壬申本 이후의 補刻本으로 認知된 「서울」은 壬申本 가운데 가장 먼저 印出된 板本이었고, 비록 다소의 加筆字가 흠이기는 하나 壬申本 중에서 最古 最善本으로 인식된다. 壬申本 가운데 最古 最善本으로 알려졌던 「天理」는 이 판본을 收藏했었던 金緣이 慶州府尹으로 있던 1544년경에 印出된 이후 加筆이 수없이 가해진 改惡本이었고, 또한 이의 加筆字는 後學들이 이를 原字로 인식하는 오류가 발생되기도 하였다. 「晚松」은 1544년 이후 「天理」보다 다소 늦게 印出된 것으로 6張의 缺落을 제외하고는 비교적 加筆字가 거의 없는 善本이라 할 수 있다. 「蓬左」는 1544년 이후 1592년 사이에 印出된 확연한 後刷本으로서 7張이 缺落되었으며, 「武者」는 「蓬左」보다도 더욱 늦게 印出된 後刷本이다.

---

34) 國立中央圖書館 圖書原簿의 「三國遺寧王曆」의 기재내용 참조.
35) 이 寫眞版<王曆>의 原本의 傳存에 대해서는 詳考하지 못했다.
36) 제Ⅱ章의 脚註 33・75)참조.

2. 壬申本의 板刻 經緯[37]

壬申本 「遺事」의 板刻은 어떠한 경위로 이루어졌을까 하는 의문은 1512년 慶州府尹 李繼福이 星州牧使 權輗가 구해준 鮮初本 完帙을 갖고 여러 邑에 나누어 刊刻했다는 李繼福의 壬申本 「遺事」跋文에서, 일차적으로 壬申本은 筆寫本이 아닌 板本을 底本으로 해서 板刻되었음을 알 수 있다.

先學의 연구에서 壬申本에는 舊刻板과 改刻板이 混有되어 있다는 論及[38]이 있었고, '卷二'에 대해서는 총 49장 가운데 舊刻이 24장, 改刻이 25장이었고, 제1-36장과 제37-49장은 書體와 刻法이 다른 것이며, 제3-18, 28-33, 41, 44장의 24板은 舊刻板의 형태를 지녔고, 제1, 2, 19-27, 34-40, 42, 43, 45-49장까지의 25板은 改刻板이었다는 고찰이 있었다.[39]

---

37) 필자는 「遺事」에 대한 전반적인 板刻 經緯를 구명할 意向이었으나, 鮮初本 가운데 '卷二'만이 전존된 泥山本의 실물 크기 複寫本 외에 다른 卷次에 대한 선초본의 原板本은 입수하지 못했다. 그래서 본 연구는 '卷二'에 제한된 壬申本의 판각 경위를 考察할 수밖에 없었음을 밝혀 둔다.

38) 壬申本의 板刻 經緯에 대해서, 今西龍은 舊刻板 50板이 壬申本이 重刊될 때 그대로 사용되었으며 (今西龍,<正德刊本三國遺事に就て>, 「典籍之研究」5 6, 1927. p.108), 柳鐸一은 전체 218板 중에 40板이 舊刻板이고 나머지 178板이 당시에 改刻된 것이었고(柳鐸一, <三國遺事의 文獻變化 樣相과 變因>, 「三國遺事研究」上, 嶺南大, 1983, p.263), 金相鉉은 사용가능한 舊刻板은 그대로 두고, 마멸이 심한 板만을 改板한 것이었다(金相鉉, <三國遺事의 綜合的 考察>, 「三國遺事의 綜合的 考察」, 精文研, 1987, p.57)는 언급이 있었다.
특히 '卷二'에 대해서 柳鐸一은 총 49張 가운데 舊刻이 24張, 改刻이 25張이었다 하였고, 金相鉉은 제1-36張과 제37-49張은 書體와 刻法이 다른 것으로 논급하였다. 南權熙는 최근에 공개된 鮮初本 계열의 泥山本과 壬申本과의 대조를 통해서 '卷二'의 제3-18, 28-33, 41, 44張의 24板은 舊刻板의 형태를 지니고 있으며, 제1, 2, 19-27, 34-40, 42, 43, 45-49張까지의 25板은 改刻板인 것으로 밝히고 있다(南權熙, 전게서, p.218).

39) 상동

그러나 先學들의 연구에서는 이른바 '舊刻板', '改刻板'이란 것이 구체적으로 어떠한 형태의 舊刻板, 改刻板인지는 규명되지 못하였다. 이 점이 명확하게 규명되어야만 壬申本에서 발생된 缺陷과 文字異同의 원인에 대해서, 舊刻板에서 인출된 紙葉은 그 원인을 舊刻의 冊板에서 찾을 수 있으며, 改刻板에서 인출된 紙張은 다시 그 改刻이 飜刻에 의한 것인가 아니면 筆寫改刻에 의한 것인가에 따라서, 飜刻인 경우 그 원인을 飜刻에 따른 底本의 缺陷을 답습한 것과 刻手에 의한 誤刻에서 살필 수 있으며, 筆寫 改刻인 경우 筆寫者의 誤寫 혹은 刻手의 誤刻에서 그 원인을 찾을 수 있는 것이다.

여기서는 先行硏究의 토대 위에 壬申本과 壬申本의 底本이 되었던 板本과 같은 鮮初本 계열의 板本인 「泥山」을 갖고 板本學적 입장과 校勘學적 측면에서 壬申本의 '卷二'에 대한 板刻 경위를 고찰하고자 한다.

우선 鮮初本 「泥山」과 壬申本 「서울」의 대조를 통해서 이들의 板式 사항을 表로 만들면 다음과 같다.[40]

<표10> '卷二에 대한 泥散本과 서울大本의 板式 比較'

強次/板本				鮮初本 「泥山」			壬申本 「서울」		
	匡郭(半郭)			版心魚尾	邊欄上下	左右	匡郭(半郭)	版心魚尾	邊欄上下 左右
1	24.1×16.9			雙弧黑	雙	雙	22.9×16.9	黑	雙 雙
2	24.5×16.9			雙弧黑	雙	雙	23.6×16.9	黑	雙 雙
3	24.4×16.8			雙弧黑			24.5×16.5	雙弧黑	雙 雙
4	24.5×17.0			雙弧黑	雙	雙	24.7×16.9	雙弧黑	雙 雙
5	24.0×16.7			雙弧黑	雙	雙	24.0×16.8	雙弧黑	雙 雙
6	24.4×16.9			雙弧黑	雙	雙	24.3×16.9	雙弧黑	雙 雙
7	24.1×17.0			黑	雙	雙	24.3×16.9	黑	雙 雙

---

40) 본 연구에서 자료로 이용할 수 있었던 것은 原板本이 아니라 실물 크기의 影印本과 複寫本이었기 때문에 어느 정도의 한계가 있다.

强次/板本		鮮初本「泥山」			壬申本「서울」		
	匡郭(半郭)	版心魚尾	邊欄上下	左右	匡郭(半郭)	版心魚尾	邊欄上下 左右
8	24.2×16.9	黑	雙	雙	24.5×16.9	黑	雙 雙
9	24.2×17.1	雙弧黑	雙	雙	24.3×17.0	雙弧黑	雙 雙
10	24.2×17.1	雙弧黑	雙	雙	24.7×17.1	雙弧黑	雙 雙
11	23.7×17.0	雙弧黑	雙	雙	23.7×16.9	雙弧黑	雙 雙
12	24.3×16.9	雙弧黑	雙	雙	24.2×26.7	雙弧黑	雙 雙
13	23.8×17.0	雙弧黑	雙	雙	23.9×17.0	雙弧黑	雙 雙
14	24.3×16.9	雙弧黑	雙	雙	24.3×16.9	雙弧黑	雙 雙
15	23.8×16.9	雙弧黑	雙	雙	23.8×16.9	雙弧黑	雙 雙
16	23.9×17.0	雙弧黑	雙	雙	24.0×17.0	雙弧黑	雙 雙
17	?	雙弧黑			24.4×17.1	雙弧黑	雙 雙
18	?				24.9×17.1	雙弧黑	雙 雙
19	?				22.3×16.8	黑	雙 雙
20	?				23.0×16.8	黑	雙 雙
21	24.4×17.1	雙弧黑	雙	雙	22.9×16.9	黑	雙 雙
22	24.3×16.9	雙弧黑	雙	雙	23.5×16.7	黑	雙 雙
23	24.5×16.8	雙弧黑	雙	雙	23.3×16.8	黑	雙 雙
24	23.7×17.0	雙弧黑	雙	雙	22.2×17.0	雙弧黑	雙 雙
25	23.9×17.4	雙弧黑	雙	雙	22.1×17.4	雙弧黑	雙 雙
26	23.7×16.9	雙弧黑	雙	雙	23.0×16.9	雙弧黑	雙 雙
27	24.0×16.9	雙弧黑	雙	雙	22.7×16.9	雙弧黑	雙 雙
28	24.7×17.2	雙弧黑	雙	雙	24.6×17.0	雙弧黑	雙 雙
29	24.1×16.9	雙弧黑	雙	雙	24.1×16.8	雙弧黑	雙 雙
30	23.4×16.9	雙弧黑	雙	雙	23.4×16.9	雙弧黑	雙 雙
31	23.7×17.1	雙弧黑	雙	雙	23.9×17.1	雙弧黑	雙 雙
32	24.3×17.0	雙弧黑	雙	雙	24.5×17.0	雙弧黑	雙 雙
33	24.2×17.0	雙弧黑	雙	雙	23.9×17.0	雙弧黑	雙 雙
34	24.7×17.1	雙弧黑	雙	雙	23.1×16.7	雙弧黑	雙 雙
35	23.6×16.9	雙弧黑	雙	雙	22.0×16.8	雙弧黑	雙 雙
36	24.3×17.0	雙弧黑	雙	雙	22.3×16.8	黑	雙 雙
37	23.7×17.0	雙弧黑	雙	雙	22.8×17.4	黑	雙 雙

强次/板本		鮮初本「泥山」			壬申本「서울」		
	匡郭(半郭)	版心魚尾	邊欄上下	左右	匡郭(半郭)	版心魚尾	邊欄上下 左右
38	24.2×17.0	雙弧黑	雙	雙	23.2×17.2	黑	雙 雙
39	23.7×17.1	雙弧黑	雙	雙	22.9×16.9	黑	雙 雙
40	24.1×17.4	雙弧黑	雙	雙	22.7×17.2	黑	雙 雙
41	24.0×16.9	雙弧黑	雙	雙	23.9×16.8	雙弧黑	雙 雙
42	23.5×17.1	雙弧黑	雙	雙	22.4×17.2	黑	雙 雙
43	23.6×17.2	雙弧黑	雙	雙	24.6×17.4	雙弧黑	雙 雙
44	24.3×17.2	雙弧黑	雙	雙	24.1×17.1	雙弧黑	雙 雙
45	24.2×17.4	?	雙	雙	24.3×17.0	黑	雙 雙
46	23.8×17.0	?	雙	雙	23.6×16.8	黑	雙 雙
47	23.3×17.2	?	雙	雙	24.0×17.0	白	雙 雙
48	23.7×17.1	?	雙	雙	23.6×16.8	黑	雙 雙
49	23.4×17.1	?	雙	雙	23.1×16.7	雙弧黑	雙 雙

먼저 선행의 연구에서 이른바 '舊刻板'의 형태를 갖고 있는 제3-18, 28-33, 41, 44장 등 24板에 대해서 壬申本「서울」과 鮮初本인「泥山」을 板本學的인 측면에서 대조했을 때 다음과 같은 특성을 발견하게 된다.

첫째, 匡郭의 크기에 있어서「泥山」과「서울」이 거의 같은 크기이며 간혹 0.1-0.3cm 정도의 차이가 나고 있다.(단, 제17, 18장은「泥山」에서는 缺落되었고,「서울」은 평균적인「泥山」의 크기로 되어 있다.)

둘째, 版心의 魚尾에 있어서 역시「泥山」과「서울」이 똑같은 형태의 魚尾로 되어 있다. 즉 제3-6, 9-16, 28-33, 41, 44 등 20장은「泥山」과「서울」이 모두 雙弧黑魚尾이고, 제7, 8장 등 2장은 동일하게 黑魚尾로 되어 있다.(단, 제17, 18장 2장은「泥山」에서의 缺落으로 인해 版心 사항을 대조하지 못하였고,「서울」에는 雙弧黑魚尾로 되어 있다.)

셋째, 邊欄에 있어서 「泥山」과 「서울」이 모두 上下左右雙邊으로 되어 있다.

다음으로 先學의 고찰에서 이른바 '改刻板'의 형태를 지니고 있는 제1, 2, 19-27, 34-40, 42, 43, 45-49장 등 25板에 대해서도 아래와 같은 점을 살필 수가 있다.

첫째, 匡郭의 크기에 있어서 「泥山」과 「서울」이 큰 차이를 보여 주고 있는바, 下邊欄의 길이는 거의 비슷하고 右邊欄의 길이는 평균적으로 1cm 이상 「泥山」이 「서울」보다 길다. 반면에 제45, 46, 47, 48, 49장 등은 下左邊欄의 길이가 「泥山」이 「서울」보다 평균적으로 0.3cm 정도 길게 나타나고 있다.(단, 제19, 20장은 「泥山」에서 缺落으로 인해 대조를 못했지만, 「서울」의 크기는 「泥山」의 규격보다는 작은 치수, 즉 '改刻板'의 평균적인 길이를 보여 주고 있다.)

둘째, 版心의 魚尾에 있어서는 다양한 변화를 보여 주고 있는데, 「泥山」은 제27, 42장을 제외하고 모두 雙弧黑魚尾로 되어 있는 반면에 「서울」에서는 제1, 2, 19, 20, 21, 22, 23, 36, 37, 38, 39, 40, 45, 46, 48장 등 15장은 黑魚尾로 되어 있고 제24, 25, 26, 34, 35, 43, 49장 등 7장은 單弧黑魚尾로 변형되었으며, 제47장은 白魚尾로 바뀌었다. 그리고 제42장은 「泥山」이 單弧黑魚尾인데 「서울」에서는 黑魚尾로 변형된 것이고, 제27장만 「泥山」과 「서울」이 모두 雙弧黑魚尾로 되어 있다.

셋째, 邊欄에 있어서도 차이가 있는데, 「서울」은 모두 上下左右雙邊으로 되어 있으나, 「서울」에서는 제1, 2, 19, 22, 24, 25, 26, 27, 34. 40, 42, 49장 등 17장은 「泥山」과 같이 上下左右雙邊으로 되어 있으나, 제20, 21장은 上下單左右雙邊으로, 제23장은 上下雙左右單邊으로, 제43, 46, 47, 48장은 上下左右單邊으로 변형되어 모두 8장이 「서울」에서 다른 형태로 바뀌었다.

이상을 정리하면, 첫째로 壬申本 가운데 '舊刻板'의 형태를 지닌 24

板은 底本인 鮮初本과 匡郭의 크기, 魚尾, 邊欄의 형태가 모두 일치하고 있다.

둘째로 '改刻板'의 형태를 갖고 있는 25板은 匡郭의 크기가 鮮初本에 비해서 훨씬 작으며, 魚尾 혹은 邊欄이 다른 형태로 변형되었다는 것이다. 단, 제27장은 魚尾와 邊欄의 형태가 鮮初本과 예외적으로 일치하고 있으나 匡郭의 크기는 큰 차이가 나고 있다.

위와 같이 정리된 '舊刻板'의 형태를 지닌 24板과 '改刻板'의 형태를 갖고 있는 25板의 특성으로 볼 때, 前者의 24板에서 인출된 24장은 底本인 鮮初本을 飜刻에 의해서 板刻된 新板에서 인출된 것이고, 後者의 25板에서 인출된 25장은 鮮初本을 底本으로 해서 筆寫改刻된 新板에서 인출된 것으로 생각된다.

혹 前者를 舊刻된 冊板에서 인출된 것[41]으로 짐작할 수도 있겠지만, 「泥山」과 「서울」을 대조해 보면; 자체의 굵기가 상이한바 「泥山」은 가늘고 「서울」은 굵게 나타나고 있고, 板木의 완결로 인한 缺劃의 상태가 서로 다르며, 匡郭과 界線에서 보이는 木理의 상태도 상이하게 나타나고 있어 서로 다른 冊板에서 인출된 것임을 확인할 수 있다.

결국 '舊刻板'의 형태를 지닌 壬申本의 24板은 飜刻에 의해서 板刻되었기 때문에 底本인 鮮初本이 갖고 있는 形態書誌적 요소를 변화 없이 그대로 유지하게 되었던 것이고, '改刻板'의 형태를 지닌 壬申本의 25板은 登梓本과 新板을 새로 마련하여 筆寫改刻되는 과정에서 壬申本의 筆寫改刻者에 의해 底本인 鮮初本과는 다른 形態書誌적 요소를 지니게 되었던 것이다.

---

41) 壬申本의 板刻에 대해서 今西龍은 舊刻板 50板이 壬申本이 重刊될 때 그대로 사용되었으며 (今西龍, 전게서, p.108), 柳鐸一은 전체 218板 중에 40板이 舊刻板이고 나머지 178板이 당시에 改刻된 것이고 '卷二'는 총 49張 가운데 舊刻이 24張, 改刻이 25張이었으며 (柳鐸一, 전게서, p.263), 金相鉉은 사용가능한 舊刻板은 그대로 두고, 마멸이 심한 板만을 改板한 것이었다(金相鉉, <三國遺事의 書誌學的 考察>, 전게서, p.57)는 언급이 있었다.

이와 같은 論及은 다음과 같이 校勘學적 측면에서 '卷二'에 대한 鮮初本과 壬申本의 文字異同을 통해서도 여실히 증명된다.

'卷二'에 대한 여러 형태의 文字異同 가운데, '壬申本의 異常字'42)는 조사된 것이 5개 항인데 이것들은 모두 제2, 38, 39, 43, 45장 등 '改刻板'의 형태를 지닌 筆寫改刻板에서 생긴 것이며, '鮮初本의 誤字'43)는 5개 항이 조사되었는데 역시 제21, 26, 36장의 筆寫改刻板에서 야기된 것이고, '壬申本의 誤字'44)는 조사된 23개 항 가운데 5개 항을 제외한 18개 항이 제2, 25, 26, 27, 34, 35, 38, 40, 42, 45, 46장 등 筆寫改刻板에서 이루어진 것이다.(제외된 제16, 47, 88, 100, 101의 誤字는 전부 결획으로 인한 誤字로서 「泥山」과는 다른 鮮初本인 底本에서 결획으로 인해 誤字가 된 것을 壬申本에서 답습하였거나, 후에 字缺로 인해서 생긴 誤字로 추측되는 것으로서 飜刻이나 筆寫改刻에 상관없이 야기되는 誤字인 것이다.)

즉 '卷二'에 있어서 '壬申本의 異常字'와 '壬申本의 誤字'는 底本인 鮮初本에 正字로 되어 있는 것이 筆寫改刻된 壬申本에서 筆寫者나 刻手의 誤寫, 誤刻으로 인해 발생된 것이며, '鮮初本의 誤字'는 鮮初本에 誤字로 되어 있는 것을 壬申本에서 筆寫者에 의해서 訂正된 것이다. 이 같은 筆改刻에 따른 誤謬와 訂正이 筆寫改刻板에서 인출된 것으로 추측되는 紙葉에 나타나는 것은 당연한 결과인 것이다.

위와 같이 '卷二'에 대한 板刻과 그 經緯에 대해서 鮮初本인 「泥山」과 壬申本인 「서울」의 板本學적 측면에서 분석한바, 선행 연구에서 이른바 '舊刻板'의 형태를 지닌 壬申本의 24板은 鮮初本을 底本으로 하여 飜刻된 것이었고, '改刻板'의 형태를 갖고 있는 壬申本의 25板은 역시 鮮初本을 底本으로 해서 筆寫改刻된 것이었다.

---

42) 본고 제Ⅱ章 3節의 b-5)항 참조.
43) 본고 제Ⅱ章 3節의 b-2)항 참조.
44) 상동

3. 板本의 行·字數

「遺事」의 原刊本은 아직 발견되지 않고 있어 原刊本의 行·字數에 대해서는 전혀 알 수가 없다. 다만 傳存本으로서 重刊本인 鮮初本과 壬申本의 行·字數를 살펴보면 鮮初本과 壬申本이 동일한 형태를 보이고 있는데, 鮮初本의 行·字數가 壬申本에서 그대로 답습된 것이다. 즉 <王曆>은 11行 35餘 字, '卷一·五'는 10行 21餘 字이다. 좀 더 세밀히 언급하면 行數는 변동 사항이 없지만, 字數는 모든 張行에서 일치되는 것은 아니다. <王曆>은 年表라는 특성상 大字와 小字가 혼용되는 가운데 차지하는 공간이 일정치 않아 字數가 行마다 상이하지만 대략 35餘 字로 규정할 수 있다. '卷一·五'는 일반적인 字數가 21字이지만 간혹 19字부터 25字까지 차이가 있다.

한편 鮮初本과 壬申本 간의 行·字數에 있어서는, 대부분 行·字數가 일치하지만 약간의 변동 사항이 나타난다. 여기서는 이 변동 사항에 대해서 그 원인과 경위를 살펴보고자 한다. 먼저 이를 表로 만들면 아래와 같다.

다음의 <表11>에서 보이듯이<王曆>에서 4개 항, '卷三'에서 3개 항 모두 7개 항에 걸쳐서 鮮初本·壬申本간에 字數의 변동이 발생되었다. 이것은 鮮初本이 壬申本으로 전승되는 과정에서 壬申本의 筆寫者가 鮮初本을 底本으로 하여 筆寫를 하면서 어느 行에서 글자를 덜 쓰거나 더 쓴 결과, 다음 行까지 착오가 생겨 그다음 行이나 몇 行을 지나서야 底本인 鮮初本과 字數가 일치하게 된 것이다. 단, <表11>가운데 4항의 경우는 鮮初本에 闕字로서 空欄이 있는 것을 壬申本에서 空欄을 없애고 붙여서 필사를 한 결과로 字數에 있어서 鮮初本의 12字가 임신본에서는 한 字가 줄어 11字로 된 것이다.

<표11> '鮮初本·壬申本間 字數의 變動 狀況'

	卷, 張, 行\板本別 字數		鮮初本 字數	壬申本 字數
1	王曆	12前, 9右	21	20
		12前, 9左	19	20
2		12前, 10右	22	21
		12前, 10左	22	20
		12前, 11右	13	16
		12前, 11左	13	13
3		12後, 10右	23	21
		12後, 10左	21	22
		12後, 11右	5	6
		12後, 11左	6	6
4		15前, 5左(三段)	12	11
			(……妙口寺……)	(……妙寺……)
5	卷三	8前, 4	21	20
		8前, 5	21	23
		8前, 6	21	20
6		8前, 9	21	20
		8前, 10	21	21
		8後, 1	21	22
		26後, 7	21	22
		26後, 8	22	21

結 言

　본 연구는 「三國遺事」의 본래 面貌를 복원하기 위하여 鮮初本과 壬申本의 對校를 통해 전반적인 校勘를 시도한 것이다. 앞에서 考究한 것을 요약하면 다음과 같다.

　1. 「遺事」의 전반적인 對校를 통하여 모두 398개 항에 이르는 文字異同이 있음이 밝혀졌다(對校 對象本은 卷別로 다른데 王曆篇에서는 鮮初本인 石南本의 필사본 1種 및 壬申本 5種, '卷一'에서는 石南本의 필사본 1種 및 壬申本 4種, '卷二'에서는 鮮初本인 泥山本 1種 및 壬申本 4種, '卷三·四·五'는 鮮初本의 필사본 1種 및 壬申本 4種 등 모두 8種이다). 아울러 그 문자이동의 來歷을 분석 종합한바, 다음의 <表 12>와 같은 현상이 구명되었다.

　또한 鮮初本·壬申本 사이에서 발생된 文字異同의 분석을 통해서 다음 사항들이 고찰되었다.

　첫째는 鮮初本·壬申本이 모두 결함이 많았고, 특히 壬申本은 그 자체에서 발생된 오류로 말미암아 鮮初本보다 缺陷이 더 많은 판본이었다. 이러한 誤謬의 원인은 鮮初本이 壬申本으로 전승되는 과정에서 飜刻에 따른 鮮初本이 지닌 缺陷의 踏襲과 筆寫改刻함에 있어 刻手와 筆寫者의 誤刻·誤寫 및 校正者의 교정이 제대로 이루어지지 못했음에 기인된 것이다. 壬申本에서는 鮮初本의 誤字와 闕字 등이 간혹 校正·補入된 반면에 더 많은 誤錯가 발생되었다.

둘째는 壬申本의 諸 板本은 「서울」→「天理」→「晩松」→「蓬左」→「武者」의 순서로 印出된 것이었다. 다음의 <表 12> 가운데 壬申本의 壞字 57개 항은 壬申本의 相異한 壞字 상태를 보여 주고 있는데, 이에 의해서 여러 壬申本의 印出이 「서울」→「天理」→「晩松」→「蓬左」→「武者」의 순서로 이루어졌음이 구명되었다.

셋째는 壬申本 가운데 「天理」에서 가해진 加筆者는 128개 항인데, 이러한 加筆字는 加筆者에 의해 壞字를 完字 및 誤字로, 誤字를 正字로 正字를 通用字로, 俗字를 正字 등으로 加筆된 것이다. 이 加筆字의 일부는 後學이 이를 原字로 인식하는 錯誤를 일으키게 되었다. 그리고 筆寫者의 趣向에 따라 鮮初本의 正字·俗字가 壬申本에서는 俗字 혹은 또 다른 俗字로 기재되기도 하였는데, 이러한 俗字들은 혹 誤字로 인식될 여지가 있는 것이었다.

넷째는 壬申本의 底本이 되었던 鮮初本은 같은 鮮初本인 泥山本보다 후에 인출된 板本이 아닌가 한다. 그것은 본고 第Ⅱ章 3節의 'f)-3) 壬申本의 壞字'의 27개 항을 통해서 壬申本의 底本이 되었던 鮮初本과 같은 鮮初本인 泥山本의 印出 時期를 추측 비교해 볼 때, 이 27개 항의 壞字는 그 壞字의 缺割들이 壬申本이 板刻된 후에 壬申本 板木의 완결로 인해서 발생한 것도 있는 반면에, 鮮初本을 飜刻 또는 筆寫改刻하는 과장에서 底本인 鮮初本에서 板木의 완결로 발생된 壞字를 답습한 것으로 추정되는 것이 적지 않기 때문이다. 즉 泥山本에는 完字로 나타나지만 壬申本의 底本이 되었던 鮮初本에는 板木의 완결로 인해 壞字로 되었음을 뜻하고 있다.

<表 12> 三國遺事에 대한 鮮初本·壬申本의 文字異同 類型

文字異同 의 類型	板本			總計	備考(壬申本에 대한 비고임)
	鮮初本·壬申本	鮮初本	壬申本		
加筆字		1 *	129	130	「天理」(128)[「서울」(3)중복], 「晩松」(1). * 鮮初本은 鶴山本임
闕 字	17		11	28	
誤 字	38	28	82	148	壬申本(80), 「서울」제외(2)
壞 字	12		56 (57)	80	壬申本(41), 「서울」제외(13), 「蓬左」「武者」(2), 「武者」(1). [(57)은 중복을 포함한 數字임]
異 字			8	8	
連 字			2	2	
衍 字			2	2	
錯 綜	1			1	
補 字			3	3	
俗 字	5	3	13	21	
異常字	6	1	16	23	
總 計	79	45 (44)	322 (263)	446 (314)	( )는 加筆者를 뺀 數字임

2. 傳存本의 對校를 통한 校勘의 결과를 토대로 旣存 校正本의 誤校 및 未校正字를 <表 7>에 보이는 바와 같이 100개 항에 걸쳐 究明하였다. 즉 崔南善 교정본은 32개 항, 今西龍 교정본은 62개 항, 李丙燾 교정본은 39개 항, 「三國遺事考證」은 58개 항, 「對校三國遺事」는 21개 항, 김용옥 교정본은 25개 항, 末松 교정본은 15개 항이다(단, 「三國遺事考證」은 王曆篇 포함 '卷二'까지, 「對校三國遺事」는 王曆篇을 제외한 '卷三'까지, 末松 교정본은 王曆篇만이 校正된 것이다).

기존의 교정본에서 誤校 및 未校正字가 이와 같이 발생된 원인은 몇 가지로 요약된다. 첫째, 이들 교정본이 「遺事」의 板本 가운데 傳承 層位上 가장 후대의 판본인 壬申本을 그 주된 底本으로 삼았고,

둘째 古板本인 鮮初本과의 綿密한 對校를 거치지 못하였으며, 셋째 壬申本인 「天理」에서 행해진 加筆字를 原字 혹은 正字로 인식했기 때문이다.

한편 校正本別로 살펴볼 때, 今西龍과 「三國遺事考證」은 加筆字가 많은 天理大所藏本를 그 주된 底本으로 삼았기 때문에 誤校 및 未校正字가 다른 교정본에 비해 현격하게 많았다. 또한 卷別로 그 數字를 살펴보면, 李丙煮·崔南善의 校正本은 鮮初本인 泥山本을 교감에 참고하지 못했기 때문에 「遺事」의 다른 卷에 비해 '卷二'에서 誤校 및 未校正字가 더 많이 발생되었다. 특히 末松의 경우는 王曆篇만을 壬申本과 鮮初本(石南本)에 의거하여 교감하였지만 그 對校가 정밀치 못했기 때문에 같은 鮮初本을 참고한 李丙煮·崔南善·김용옥의 교정본에 비해 誤錯이 훨씬 많았다.

3. 諸 板本의 성격과 壬申本의 板刻 經緯 등에 대해서 분석한 결과 다음과 같은 점들이 고찰되었다.

먼저 諸 板本의 性格은 다음과 같이 考究되었다. 高大에 所藏되어 있는 것으로 鮮初本인 石南本·鶴山本의 筆寫本은 底本의 體裁, 行·字數, 空欄 등이 원래의 모습을 유지하고 있고, 底本에서 板木의 완결로 인해서 壞字가 된 것도 壞字 그대로 필사되는 등 原文이 加減없이 充實하게 筆寫되었다. 그렇기 때문에 비록 筆寫本일지라도 그 사료적 가치는 높다고 하겠다. 서울大本은 종래 壬申本 이후의 補刻本으로 인식되었으나, 실은 壬申本 가운데 가장 먼저 印出된 板本으로서 다소의 加筆字가 있는 것이 흠이기는 하나 壬申本 중에서 最古·最善本이라 할 수 있는 板本이다. 天理大本은 대체로 壬申本 가운데 最古·最善本으로 알려졌던 판본이다. 그러나 사실은 이 板本을 收藏했던 金緣이 慶州府尹으로 있던 1544년경에 印出된 이후 加筆이 수없이 가해진 改惡本인 것이다. 晚松文庫本은 1544년경 이후 天理大本보다 다소 늦게 印出된 것으로 6張의 缺落을 제외하고는 비교적 加筆字가 거의 없는 善本이라 할 수 있다. 蓬左文庫本은 天理大本의 인출 시기인 1544년경 이후 壬亂, 勃發年인 1592년 사이에 印出된 확연한 後刷本으로서 7張이 缺落된 것이다. 國立中央圖書館本은 王曆篇만이 寫眞版으로 傳存되고 있다.

다음으로 壬申本의 板刻 經緯는 비교 분석이 가능한 '卷二'에 국한하여 고찰하였다. 즉 鮮初本인 泥山本과 壬申本 가운데 最古本인 서울大本을 대조하여 분석한바, 壬申本의 '卷二'에 있어서 이른바 '舊刻板'의 형태를 지닌 24板은 鮮初本을 底本으로 하여 飜刻된 것이고, '改刻板'의 형태를 갖고 있는 25板은 역시 鮮初本을 底本으로 해서 筆寫 改刻된 것이었다.

끝으로 판본 간의 대조를 통해서 鮮初本과 壬申本의 行·字數도 살펴보았다. 鮮初本과 壬申本이 모두 王曆篇은 11行 35餘 字이었고, '卷一~五'는 10行 21餘 字이었다. 다만 字數는 王曆篇에서 4개 항, '卷三'에서 3개 항 모두 7개 항의 변동이 있었다. 이는 壬申本이 重刊될 때 이 부분이 鮮初本을 底本으로 筆寫되면서, 어느 行에서 몇 자를 덜 쓰거나 더 쓴 것이다. 그래서 다음 行까지 착오가 생겨 그 다음 行이나 몇 行을 지나서야 底本인 鮮初本과 字數가 일치하게 되었다.

參考文獻

1. 三國遺事의 板本

1) 鮮初本「三國遺事」

高大所藏筆寫本(石南本: ＜王曆＞·‘卷一’1冊)·(鶴山本:‘卷三·四·五’1冊)의
　　筆寫本)

南權熙紹介本(泥山本: ‘卷二’1冊)

2) 壬申本「三國遺事」

서울大所藏本

天理大所藏本

高大晩松文庫所藏本

蓬左文庫所藏本

國立中央圖書館本(＜王曆＞: 寫眞版 22枚)

2. 三國遺事의 校正本

坪井九馬三・日下寬, 「三國遺事」, '東京帝國大學史誌叢書本', 1904.

大正新修大藏經本, 1927.

崔南善, <三國遺事>, 「啓明」18호, 1927.

今西龍,「三國遺事」, 朝鮮史學會, 1928.

崔南善, 「新訂三國遺事」, 三中堂, 1946.

崔南善, 「增補三國遺事」, 民衆書館, 1954.

李丙燾, 「譯註幷原文 三國遺事」, 東國文化社, 1956.

今西龍, 「三國遺事」, 國書刊行會(1版), 1971.

今西龍, 「三國遺事」, 國書刊行會(2版), 1973.

今西龍, 「三國遺事」, 國書刊行會(3版), 1974.

末松保和, 國書刊行會本(2版)의 <王曆>, 1973.

李東歡, 「校勘三國遺事」, 民族文化推進會, '韓國古典叢書1', 1973.

三國遺事研究會(日本), 「三國遺事考證」 上・中, 1975・1979.

韓國佛教全書編纂委員編, 「韓國佛教全書-제6책 高麗時代篇」, 東國大, 1984.

三國遺事研究會(韓國), <對校三國遺事>, 「韓國傳統文化研究」1~3, 1985~1987.

김용옥, 「三國遺事引得」, 통나무, 1992.

3. 研究 論文

姜仁求, <三國遺事關係論著目錄>, 「三國遺事의 綜合的考察」, 精文研, 1987.

今西龍, <正德本三國遺事に就て>, 「典籍之研究」5. 6, 1927.

今西龍, <三國遺事記>, 「三國遺事」, 圖書刊行會, 1971.

金相鉉, <三國遺事의 書誌學的 考察>, 「三國遺事의 綜合的 考察」, 精文研, 1987.

金相鉉, <三國遺事의 刊行과 流通>, 「韓國史研究」38, 1982.

金相鉉, <三國遺事의 王曆篇 檢討>, 「東洋學」 15집, 1985.

南權熙, <泥山本 「三國遺事」의 書誌的 考察>, 「書誌學研究」 5·6합집, 書誌學會, 1990.

柳富鉉, <「東京雜記」의 書誌學的 研究>, 「書誌學研究」 7집, 書誌學會, 1991.

柳富鉉, <「三國遺事」 王曆 校勘考>, 「史學研究」 43·44號, 韓國史學會, 1992.

柳富鉉, <「三國遺事」 '卷二'에 대한 書誌學的 考察>, 「東方學志」 76輯, 延世大學校 國學研究院, 1992.

柳鐸一, <三國遺事의 文獻變化 樣相과 變因>, 「三國遺事研究」 上, 崔南大遺, 1983.

李基白, <「三國遺事」의 史學史的 意義>, 「韓國史學의 方向」, 1978.

李基白, <「三國遺事 筆寫本」, 李基白, 「고대도서관보」 2집, 1979.

李丙燾, <三國史記解說>, 「譯註三國史記」, 博文出版社, 1947.

鄭求福, <三國史記解題>, 「增修補註三國史記」, 誠巖古書博物館, 1984.

鄭求福, <三國遺事의 史學史的 考察>, 「三國遺事의 綜合的 檢討」, 精文研, 1987.

千惠鳳, <새로 발견된 古板本 三國史記에 대하여>, 「大東文化研究」 15집, 1982.

村上四男, <三國遺事解說>, 「朝鮮學報」 99·100輯, 1981.

ABSTRACT

The Textual Bibliographical Study of "Samguk Yusa"

-Based on Comparative Analysis of the Existing Editions-

Yoo Boo Hyun
Prof Dept. of Library and Information
Science
Daejin University.

This thesis is designed to provide the ancient Korean history book "Samguk Yusa" with Comprehensive proofreading on the textual bibliographical basis, The book is known to have been Compiled by Buddhist monk Iryon(1206-1289) in his later years and printed for the first time by his disciple Muguk(1251-1322) in 1310's. It was reprinted around in 1394(hereinafter called "the early Yi dynasty edition")and later again in 1512, the 7th year of king chungjong's reign(hereinafter called "the Imsinedition") at Kyongju. Scope of materials for proofreading covers all the existing editions originated from the said two editions.

Main work will be preceded by preliminary research, statement of some problems of the work, and the full survey concerning the status of the existing editions including the ones already having Passed certain extent of proofreading(hereinafter called "the corrected edition"). Main work proceeds as follows. Firstly, all of the early Yi dynasty editions and the Imsin editions Will be closely compared to identify the difference in letters and to analyze the cause of and correct the difference. Secondly, any error or omission of proofreading unnoticed in the existing corrected stage. Thirdly, the existing editions will be given new evaluation and research will be made to distinguish the difference in technical procedure concerning the reprint of the Imsin edition in comparison With the early Yi dynasty edition. The ultimate goal of the work is to restore the book to its original state by correcting a variety of errors generated in the progress of reprint. Further details are as follows.

1. By comparison of the existing editions(the early Yi dynasty editions and the Imsin editions) a variety of difference in letters amounting to 398 items(i. e. addtion, omission, erratum, lack of the whole form, different letter as a synonym, coupling, redundancy, confusion of location, supplement, abnormal form, simplified form) was identified and corrected by analyzing the cause and effect of the difference. The result notes that both the early Yi dynsaty editions and the Imsin editions contain lots of defects and that, as for the scale of the defects, the latter exceeds the former mainly due to the errors produced in the course of reprint of the Imsin

editions. More in detail, the defects were caused from the repeated failure in identifying the errors produced in the early Yi dynasty edition as well as the conbined poor workmanship of transcribers, block engravers and proofreaders who participated in the reprint of the Imsin editions.

2. Backed up by the updated proofreading data, a total of 100 items of errors or omissions by the proofreaders in the existing corrected editions were identified as follows;

l) 32 items in Choi Nam Sun edition 2) 62 items in Imanishi Ryu edition 3) 39 items in Lee Byong Do edition 4) 58 items in Sangoku Izi Kosho 5) 21 items in Taegyo Samguk Yusa 6) 25 items in Kim Yong ok edition 7) 15 items in Suematsu edition
For reference, in Kosho proofreading ranges over only as far as volume 2 including Royal Chronicle and in Taegyo as far as volume 3 excluding Royal Chronicle while suematsu edition deals wityh only the portion of Royal Chronicle for proofreading . The errors or omissings noted in the exisiting corrected editions may be ascribed to the following three reasons. First, the proofreaders of the corrected editions mentioned above selected as a main proofreading text the Imsin edition which is classified as the latest one among the exsting editions. Second, they failed in detailed proofreading while comparing with the early Yi dynasty edition, the oldest one. Third, they also selected as a proofreading test the edition now in possession of Tenri University and showed no prudence to admit that any addition of letters in the said edition should be the original or correct letters.

3. The following concludes my analysis/synthesis of the updated proofreading data. Two manuscripts transcribed respectively after Suknam edition and Haksan dition, both of them being the early Yi dynasty edition, and preserved now i custody of korea University are, though being in the form of manuscript, considered to have no less historical value than the original as they were transcribad in strict comlpliance with the format and the content of the original text. Cantrary to the prevailing recongnition that the Imsin edition now in custody of Seoul National University should be a later impression of the Imsin edition containing partial revision, in was identified to be the first imprssion of Imsin edition and, therefore, may be called the oldest and the best one among the existing Imsin edition now in custody regrettably showing a little addition. The Imsin edition now in custody of Tenri University has so far been acknowledged to be the oldest and the best one among the existing Imsin editions. It was, however, identified to be nothing but a deteriorated edition having gone through innumerable addition ever since it was reprinted around in 1544 by Kim Yon, the mayor of Kyoungju also being an owner of the edition. The edition now in custody of Mansong Library of Korea University, reprinted approximately not earlier than 1544, shows comparatively little addition and may be ranked as one of the best. editions though lacking 6 leaves. The edition now in custody of Nihon Hosa Library, ing 7 leaves, must be an impression produced at the certain point of time not earlier than about 1544 and not later than 1592, the year of so called Imjin Japanesa invasion. The dition now in custody of Natioanl Cantral Library contains only the potion of Royal Chronicle

in the form of photoprint and it is assumed that the original taxt of the edition may bc a certain impression produced far later than the said Hosa library edition.

2) Research was made to distinguish the difference in technical procedure concerning the reprint of the Imsin edition in comparison with the early Yi dynasty edition and materials of the research was made confined to volume 2 of Samguk yuse, the only portion deemed to allow of comparative analysis in this respect. In other words, both Nisan edition, the early Yi dynasty edition and Seoul National University edition, the oldest Imsin edition were sampled out for comparative analysis on the physical bibliographical basis. The research reveals that serial No. 24 of the block package of Imsin edition bearing so called "old block style" is mere a reprint directly based on the early Yi dynasty edition while serial No. 25 of the sane bearing "revised block style" is a reprint based on the manuscript of the early Yi dynasty edition.

3) As for the format of the edition, i. e. the number of lines per page and the number of letters per line, both the early yi dynasty editions and the Imsin edition show in common that the portion of Royal Chronicle has a format of 11 lines/35 letters or so per line while volume 1 to 5 has a format of 10 lines/21 letters or so per line. The only exception is that both editions partially show a little difference in the number of letters per line. Thid is certain to result from the transcribers' error in preparing for a manuscripts based on the early Yi dynasty edition in

advance of the reprint of Imsin edition; They failed to keep the number of letters same as the original text in a certain line, next line being continuously lines until to insure the number of letters per line same as the original.

附錄의 說明

1. 附錄에서 上段은 諸 板本의 文字異同이고, 中段은 例文과 筆者가 校勘한 字이며, 下段은 旣存 校正本에서 校勘한 字이다. ('/'으로 표시된 것과 空欄으로 된 것은 筆者와 동일한 校勘임을 나타내며, '□'는 闕字임을, '■'는 원래 없는 字임을 의미한다.)

2. 上段 諸 板本의 略稱
   「石筆」: 石南本의 筆寫本(高大所藏筆寫本)
   「鶴筆」: 鶴山本의 筆寫本(高大所藏筆寫本)
   「泥山」: 南權熙紹介本
   「서울」: 서울大所藏本
   「晩松」: 高大晩松文庫所藏本
   「天理」: 日本 天理大所藏本
   「蓬左」: 日本 蓬左文庫所藏本
   「武者」: 國立中央圖書館所藏本

3. 下段 旣存 校正本의 略稱
   「육당」: 崔南善 校正本
   「금서」: 今西龍 校正本
   「두계」: 李丙燾 校正本

「고증」: 三國遺事硏究(日本) 校正本
「대교」: 三國遺事硏究會(韓國) 校正本
「말송」: 末松保和 校正本
「도올」: 김용옥 校正本

附錄 1 王曆篇의 文字異同과 旣存 校正本의 校勘 狀況 NO 1

版本 \ 張次行位	前 1 / 14 右	5 14 右	5 6 左	8 11 左	10 7 右	10 3 左	10 7 左	11 3 右	後 6 15 右	7 8 右
天理 名其	扶	之	王	姑	對	身	朱	豪	王	此
	祿	一		姑	十	八	朱	虎豪	王	口
晩松	袾	口	王	姑	二	八	年	豪	王	口
蓬左 서울	扶	口	王	姑	二	八	午	東	圭	口
武者										
例文年著書校勘	袾頒伊英	或賴林一說	至脫郝王時	始盟賴林之說	甲申立 理十八。		姓蒜 名朱蒙。		東明第三子一云第二	郡獻禰城
校正本의傍勘	돌菜音同午州音同金堂宝 / / 扶(妃)	之 / 之			廿 (十九) / 十十八					

附錄 1 王曆篇의 文字異同과 旣存 校正本의 校勘 狀況 NO 2

板本	婆行定 1 7 10 左	後 2 1 左	前 左	3 6 右	8 17 左	11 4·6 右	後 2 9 右	7 11 左	9 13 左	前 3 7 14 右	7 5 左
天理 万華 晚松 蓬 서울	稷 杜 杜 杜	次雄次雄次雄 次雄 次雄	王 名 王 王	上 十 上 上	久大虎一二大虎 久大虎	末 末召 末 末	凼 凼 凼	□ 二 □ □	齧 齧 齧 齧	王 □ □ □		
武者											
僩文과 叢書의 校勘	今稷山	第二南解次次雄	此王位亦云居西干	理二十六年	姓解氏大虎之子	王崩水葬末召疎井丘中	今東岳大王	唐辰立理三十二年	父弩禮王		
校正本의 校勘	흐릇 듕듕룸				末召 知 招 末□			■	婆■ 婆王		
					末味〈闕〉						

附錄 1 王曆篇의 文字異同과 旣存 校正本의 校勘 狀況 NO 3

板本 原文行字	8 8 9 前右		3 10 10 右	10 6 右	3 2 17 後左	3 7 左	3 13 左	11 5 右	4 1 1 前	4 5-11
天理 石筆 晚松 建左 서울	夫 大 文 文 文		賓 貝 賓 賓 賓	早 □ □ □ □	八 八 八 八 八	祇 □ □ □ □	伊 伊 伷 伷 伷	年 年 □ □ □	紅 和 □ □ □	紅 和 紅 紅	夫迭聖王無相伐休 甲午立理三十一年崩
武者										
鮎貝의 筆者의 校勘	□顧兕人		基王代減骨質國	今蒙山	理三十八年	辰勝王之女	母伊刊生夫人	理十九年	和平庚	
校正本의 校勘				□ (産) □		祇 祇 祇				
	文(夫)		汁只	(梁)		〈祇〉				

附錄 1 王曆篇의 文字異同과 旣存 校正本의 校勘 狀況 NO 4

板本	前 44 4 19 左	5 15 左	6 10 右	11 15 左	11 1	後 4 1 6-10		1 12 左	5 7	5 13·16
天理 石室 晚松 蓬左 서울	弑 弑 代 弑	洎 □ □ □	罔 □ □ □	末 □ □ □	平 正平 平 平 平	昔氏脫解立 父南子儀 卵中絕內 權人金代甲三 國十三年	亦 亦	備 □ □ □	□ □ □	山上王 □ □ 山上王
武著										
例文의 筆者의 校勘	見第三王代 見弑子篇羽	名伯固。一作伯句	己未立。	中平 子甲		國川·亦曰國壤。	第十奈解尼叱今	第十(山上王)		
校正本의 校勘	高麗本의 高麗本은	伯国	末					山上王		
		伯国 〈伯固〉	末 〈末〉					山上王		

附錄 1 王曆篇의 文字異同과 旣存 校正本의 校勘 狀況 NO 5

附錄 1 王曆篇의 文字異同과 旣存 校正本의 校勘 狀況 NO 6

附錄 1 王曆篇의 文字異同과 旣存 校正本의 校勘 狀況 NO 7

板本	5 11	前 右	5 1 14 左	俊 2 左	3 11 右	5 右	5 右	7 7 右	7 18 左	8 右	8 13 右
天理 石峰 晚松 蓬左 서울	言今 言今 言今 言今	墓	十 十 十 十	十 十 十	第羅燈王二第四燈王三	壹皇 壹王 壹皇 壹壹	今 今 今 今	父 父 父 父	懸 定 足 足	芒 也 芒 芒	民 民 民 氏	四 四 四 四
武者	言今		二			壹壹	今	父	足	芒	氏	二
傍計 註者의 校勘	母泉府卿甲粬之女岳貞夫人		庚寅立理二十年		一云雄葛王		一作今勿	父魇品。母訢仇	丁卯年定國號日新羅	沙沸之弟也	羅者網羅四方之民云	甲子立。治四十年
校正本의 校勘	言□□ 診(蓁)		診(蓁)		萱(萱) 萱(萱)			是 是(改)			

附錄 1 王曆篇의 文字異同과 旣存 校正本의 校勘 狀況 NO 8

附錄 1 王曆篇의 文字異同과 旣存 校正本의 校勘 狀況 NO 9

板本 \ 順次行序	7 前 9 8 右	9 16 右	10 3 右	2 8	7 後 9 1	9 9 左	21 左	11 13 左	8 前 8 8 右	5 2
天理	叐	通	□	六丈	本	丄	乙	蛾	朙	太
石筆	文	□	□	丈	大	末	卜	城	州	大
晩松	文	□	□	丈	大	一	卜	城	朙	大
達左	文	□	□	丈	大	一	卜	城	朙	大
서言	文	□	□	丈	大	一		城	朙	大
武者	文	□	□	丈	大		卜	城	州	大
原文과 筆者의 校勘	叐奈勿王	名匿逃乁癸丑立.		第十八國壌王	大宗	一作來此与角干	乙未立治二十年	來固受州二城	一作文州의 英庶子	齊大祖
校正本의 校勘				大 太 太 太 太	〈末〉	凹 □	〈二〉	⊟ ⊟ ⊟	明 明(州) 明〈州〉	太 太

附錄 1 王曆篇의 文字異同과 旣存 校正本의 校勘 狀況 NO 10

板本	愛竹字	前 8 8 30	9 9右	後 8 1 9右	2 10右	2 17右	2 24	4 9左	5 14-16左	7 11-12左	8 24右
天理		□	不	뜀	於	□	王 三 王	更	開府充	呂	祥
石室		□	仝	志	傻	一	三	更	明府山	呂	辛
晚松		□	仝	씀	检		王	更	明府山	呂	关
蓬左		□	仝	씀	牦		王	史	明府山	呂	关
서울			仝	씁	牦		王				
武者		□	仝	씀	牦	□	王	更	明府山	呂	关
例又는 著者의 校勘			名明理好°又个嘗	一作習老°又竹度路王°	妃迎帝夫人°愴禮代漢只聲許	□一作角干之女	第二十五虎寧王	陳乃寶瀷王之太子°詳見唐史°	冊府元臨云姓嬴	妃巴刀夫人	辛亥立°理十四年
校正本의 校勘			寒 羅 寒 个(酒)	名(老) 名(老)	於 於 於 <一>	□ ■ ■				臼卅 乙卅(巴刀)	癸 癸(辛) 癸(辛) 癸(辛)

附錄 1 王曆篇의 文字異同과 旣存 校正本의 校勘 狀況 NO 11

附錄 1 王曆篇의 文字異同과 旣存 校正本의 校勘 狀況 NO 12

板本 變行字		天理 石筆 涇左 晚松 서音	武者	例又年 簒者의 校勘	校正本의 校勘
後 右	9 3 8	國 岡 図 図 図	曰	第二十五平原王一作平岡	圖(岡)
後 左	3 5 1	勤之荅 勸荅 勸荅 勸荅(勸茶) 南史云	勸荅	南史云高陽 …	勤 勤之 勤之 圖 勤(勸史)
右	10 18	語 輪 語 語 語	語	一云東倫太子	語 語 語 語(輪)
後 左	10 1 4	歲 逾 逾 逾	逾	第二十七榮留王名□□又建(威)	武 武 武 武 歲(武)
	3 12				
	11 2 5				
前	9 3				
	3 4				

附錄 1 王曆篇의 文字異同과 旣存 校正本의 校勘 狀況 NO 13

第三十二孝昭王

名理恭。一作洪。金氏。父神文王。
母神穆王后。壬辰立。理十年。
陵在望德寺東。

附錄 1 王曆篇의 文字異同과 旣存 校正本의 校勘 狀況 NO 14

附錄 1 王曆篇의 文字異同과 旣存 校正本의 校勘 狀況 NO 15

版本 \ 原文行字	15·2·5 (前左)	3·19 (右)	4·6 (右)	5·6 (左)	5 (1323)		15·4·5 (後)	4·10·13	3·2	8·6
天理 石南 晩松 蓮左 서울	三 二 二 二	尹 干 于 于	汗 汗 汗 汗	在 口 口 口	創妙寺巳丑五創龜山庚寅安	創妙寺巳丑五創龜山庚寅安	帝和 禮	冲婆叟 冲竹	敦 敦	乾 鑑
或者	二	于	汗	口						
他文과 筆寫의 校勘	印山立。型二年。	父祭引伊平	祖宜口角平	茂在口東向洞?	山庚寅安以下闕疑。 丁亥創妙口寺已丑。創龜		後漢 光明(章)和寰安順冲(質)桓靈獻	李唐：惡程敬文虎宣懿僖昭景		
校正本의 校勘	三 三 三	汗 汗 汗	(恕)妙 (恕)妙 ■妙 (恕)妙 口寺							

附錄 2 卷一의 文字異同과 旣存 校正本의 校勘 狀況 NO 1

附錄 2 卷一의 文字異同과 旣存 校正本의 校勘 狀況 NO 2

板次 愛行定	5 3 4 後	6 8 乙 前	9 1	7 1 9 前	乙 7	7 乙 10 後	8 6 8 前	7 7	8 3 1 後	7 乙
石筆서울 奎章 天理 逵左	詐祚 祚林	丹舟 舟舟	大太 太太 太	三二 二二 二	三二 二二 二	火大 大大 大	浹俠 俠俠 俠	大太 太太 太	高言 言言 言	私知 知知 知
			?	?	?	?	?	?	?	?
佛大 校勘	又百濟溫祚之言	契丹攻破之	光使太祖山下	南沃沮二十餘家來投 溫祚王四十三年	赫居世五十三年東沃沮	來獻良馬 三非火	見大石如對派流	爲太子	姓高氏諱朱蒙	誘我於熊神山下鴨淥邊室中私之
校正本 校勘				二 二 二 二	二 二 二	大(火)	俠 俠(浹) 俠(峽) 俠(浹)	言 言(高) 言(高) 言(高)	知(知) 知(知) 知 知(知)

附錄 2 卷一의 文字異同과 旣存 校正本의 校勘 狀況 NO 3

附錄 2 卷一의 文字異同과 旣存 校正本의 校勘 狀況 NO 4

發行字板本	前16ㄴ21	7ㄴ4	後16ㄴ15左	6ㄴ4右	前17ㄱ7	4ㄴ6	7ㄴ11	10ㄴ18左	後17ㄴ4右	前8ㄱ17
石筆 음 義勢 天理 達左	爲爲爲爲羔	訥罔罔罔罔罔	土工工工工	國国国国国国	王土土土土	於故故故故	烏爲烏烏烏	日月月月月月月	求求求求求	香杏杏杏杏
例文과 著名의 檢討	乃取而居爲	不敢欺罔	閻循安於十合山	苦今城祝不睡	王撓吉日	後讓於婆娑	細烏女	搖日本會說	王遣使求二人	香氣滿室
校正本의 校勘	爲 爲 烏(爲)	爲 爲	工 工(土)		故 土(王)	故 於 故(於)			來(求) 來(求)	杏(杏)

附錄 2 卷一의 文字異同과 旣存 校正本의 校勘 狀況 NO 5

版本	後2 4/2	後4 18	前5 10右	後乙11	3 乙0	3 지	前6 11	前7 15	前1 13右	7 14
石室 순암 晚松 天理 蓬左	授棱棱棱	汝伮伮伮 做	日日日日	文文文文 文	頌頌頌頌 頌	王玉玉王 玉	三二二二 二	某真其某 其	徃独徃徃 独	万方方方 方
佛文과 筆者의 校勘	授棵執事	然則汝使鬼衆	無譯六十三日某真小王平臨帶世	皇龍寺丈六像像一	雲外天頌玉帶圍		又有後兵一千三百人來	朕死於某年某月日	一本今屬金城咒傼作結兵	七曜巡萬方
校正本의 校勘							二二二二	其		方(万)
			日(日)				二二二二	其(某)	獨獨(徃)	方(万)

附錄 2 卷一의 文字異同과 旣存 校正本의 校勘 狀況 NO 6

歷史行字 版本	27後 7 18	28前 5 8	29後 4 10	8 5	30前 3 7	30後 5 11	31前 7 10	9 17	33前 9 5	34前 3 10右
石筆 서字 晃榆 天理 遵左	七 士 士 士	郎 娘 娘 嬢	口 付 付 付	手 子 子 子	大 火 火 火	末 末 末 末	二 一 二 一	仆 仟 仟 仟	壇 檀 檀 壇	工 上 上 上
例文이 筆者의 校勘	故昔有七星文	娘等以美菓饋之	・嘻昔之蒸傳付於汝	豈以細事輕近貴公子乎・	顏色大變	時百濟末王義慈	五年庚申春二月	・駑仆死者百餘	叔撰爲王	已上遷 皇宋
校正本의 校勘	士(七)							仟(仆)		
(下段)	士(七)			子(手)	火(大)	末(末)	一	仟(仆)	檀(壇)	

附錄 2 卷一의 文字異同과 旣存 校正本의 校勘 狀況 NO 7

校本 葉行字	34 後 乙 7	10 14	乙 지	35 前 10 12	36 前 10 5左
石單 서울 兌筒 天理 蓬左	必心心心	伐代代代代	口口口農口	二一一一	火入入入入
倒文과 箋考의 校勘	事必師古	子孫萬代	司稼正卿扶餘隆	然起兵川等二人	其後京師人望之 皆謂悟屍現於其地
校正本의 校勘 고증					火入
두계					入
효열	心		農	一	入
종률	心(必)	代	農	一(二)	入(火)

附錄 3 卷二의 文字異同과 旣存 校正本의 校勘 狀況 NO 1

附錄 3 卷二의 文字異同과 旣存 校正本의 校勘 狀況 NO 2

附錄 3 卷二의 文字異同과 旣存 校正本의 校勘 狀況 NO 3

要行字 板本	前 4 8 乙	10 8	後 4 9 20	前 5 1 10	3 13	4 5	9 左 12	後 5 乙 3	乙 16
板本 泥山 晩松 夫理 遼左	開 閉 開 閉	攘 攘 敀	武 武 武 武	十 十 十 十	石 石 石 石	否 否 否 否	処 処 処 処	占 占 占 占	揶 揶 揶 揶
例文과 卷末의 旁勘	巡行里閈	何以旅人同宿	武珍州	具饌至五十味	下種三石	否則亦否云		命曰官金春質作占之	抑又金公庾信
校正本의 橫勘		於 於 於 於							

附錄 3 卷二의 文字異同과 旣存 校正本의 校勘 狀況 NO 4

變行字 板本	安	問·同	同	九·十	园	逶	舍	使
行字(前後)	7 後				後	前 7		5 後
	5 / 7	5 / 17	4 / 2	10 / 1	5 / 11	4 / 지		6 / 14
泥山	安	問	同	九十	园	逶	舍	使
서울	安	同	同	尢十	园	逶	舍	使
晚松	安	同	同	尢九	园	逶	舍	使
天理	安	同	同	尢十	园	逶	舍	使
逢左	安				园	逶	舍	使
例文과 簽考의 校勘	安於塚前	問其居士安否	鷩怖尤甚		园測法師	朝廷花主	珍師命知	使來泰之
校正本의 校勘		同(問)						교정본에서제공이미교정됨

附錄 3 卷二의 文字異同과 旣存 校正本의 校勘 狀況 NO 5

板行字 板本	8 ㅈ 17 前 3 4	10 ㅈ	8 ㅈ 3 11 雙	3 13	4 20	9 ㅈ 4 前 四四四四	9 ㅈ 3 後	11 ㅓ 1 4 前	9 18
晚松 서울 晚悟 天理 遵左	攴 攴 攴 攴	厂 厂 厂 厂	王 王 王 王	大 大 大 大	箕 箕 箕 箕	夫 夫 夫 夫	四四四四	或 或 或 或	大 大 大	驗 驗 驗 驗
例文과 筆者의 校勘	墮攴行齊	目煙廻於尸	太宗大王	江陵太守今堂州	公之夫人水路見之	曰七寶宮殿	時或現侍於殿庭	謚景垂太后	訓師之說驗矣	
校正本의 校勘					未(失)					

附錄 3 卷二의 文字異同과 旣存 校正本의 校勘 狀況 NO 6

板本	14 前 3 1 石	10 20	10 14	8 後 10 8	13 前 3 3	10 1	3 乙	1 16	後 1 11	11 後 11 12	變行字
晃山 서울 晚松 天理 蓬左	得 得 得 得	貳 貳 或 或	口 口 口 日 口	一 一 一 一	大 大 太 大	宰 寰 寰 寰 寰	忌 忌 忌 忌	或 或 或 或	時 時 時 時 時	絲 終 修 修 修	
例文과 著者의 校勘	(得)	〔注。或本云〕 〔國大統得或傳統作〕	王一日請皇龍寺	惠平太子	上宰之徒衆	公所忌何事	阿飡餘三或本餘山	于時	終爲宣德與金良相所弑		
校正本의 校勘									修 / 修(終) / 修 / 修(終)		

附錄 3 卷二의 文字異同과 旣存 校正本의 校勘 狀況 NO 7

板本＼變行字	前 15 9 20	前 16 1 4	3 ㄲ	前 지 6 6	後 지 ㄴ 6	4 6	8 4	9 3	雙 前 1 17	4 13
遯山 서울 晩松 天里 運左	不 不 不 不	日 日 日 日 日	大 大 大 大 ナ	傳 命 傳 傳 傳 命	命 命 命 命	傳 傳 傳 傳 傳	泣 泣 泣 泣 泣	太 大 太 太 大	鞍 鞍 鞍 鞍 鞍	玉 三 玉 玉 三
例文斗 筆者의 校勘	我有不同天之讖	復命曰已斬弓巴矣	慈安大王	金傅大王	乃命左右索王	乃立王之族弟傳爲王	因兹然涕泣	太祖亦流涕	錦彩鞍馬	國之存亡必有天命
校正本의 校勘										王

附錄 3 卷二의 文字異同과 旣存 校正本의 校勘 狀況 NO 8

附錄 3 卷二의 文字異同과 旣存 校正本의 校勘 狀況 NO 9

版本 受行字	24後 乙1 11	乙 16	9 1	75後 5 18	5 21	8 21	76青 3乙	8 1	76後 乙2 21	9 19
底本 岩山 서울 晩松 天理 蓬左	正 正 正 三	徜 𧗱 𧗱 𧗱	衍 衍 衍 衍	夫 夫 夫 夫	程 程 程 程	祖 祖 祖 祖	貟 貟 貟 貟	士 士 士 士	本 本 本 本	討 討 討 討
例文과 筆者의 推測	幾何其不亂且亡也	竄酒燕衍	其子孫亦繁衍	百濟·扶餘之別種	百濟始祖溫祚	登貟兒岳	彌雛忽土濕水鹹	卒本扶餘	金庾信與蘇定方討平之	
校正本의 校勘	三	衛 衛 衛(行) 衛(行)								

附錄 3 卷二의 文字異同과 旣存 校正本의 校勘 狀況 NO 10

附錄 3 卷二의 文字異同과 旣存 校正本의 校勘 狀況 NO 11

板本	原文付字	尼山 서용 晩拓 天運 遠左	例 文과 葉章의 校勘	校正本의 校勘
後 5/10	箋	箋筭籌笰箕笰籌箕笰	亘之三子籌遊	箋 籌(籌) 壹
後 6/21	三三三王三		百濟敗績國亡云	王(亡) 籌(箕)
後 9/18	著著著者著		先著組綎	
後 4/14	充充充充		左將金樂	
9/8	道道道道道		赴卿本道	道(道)
10/20	即即即即		卽欲祗承	
前 1/4	廬廬廬廬廬		但慮足下欲繼不能	廬
33/11	陳陳陳陳陳		拱手陳辭	
前 9/7	百百百百		數百人捐艦	
後 9/20	直直直直		直心等	直(直)

附錄 3 卷二의 文字異同과 旣存 校正本의 校勘 狀況 NO 12

葉行字	33後9지	34前X9	4/20	6/3	34後9/12	35前3/1	4/6	9/14	35後7/5	36後1/20
板本 (晚山서울/晚柏/天理/遵左)	心心公公	霊霊霊霊	丹舟舟舟	柳柳柳柳	胃胃胃胃	正正正正	淸淸淸淸	連連連連	即耶耶耶	火大大大
例文과 蕃寄의 校勘	雪張耳千般之恨	特出繪於丹禁	抑可紹東海之緒緖		萱謂子曰	武州都督	淸泰二年	失父弟湅酒	何顏以見天下之義士乎 / 若捨己君以事遊子則	望兵勢大而峻
이본의 校勘			舟(丹)		胃(謂)			連 連 連 連	耶 耶 耶 耶	耶(則) 耶(則)

附錄 3 卷二의 文字異同과 旣存 校正本의 校勘 狀況 NO 13

版本\發行字	後 37 1 21	前 38 ㅈㅈ	7 6	10 11	後 39 3 10	4 20	10 4	前 40 2 14	40 2 14	後 40 2 21 左
嵩山 이본 晩松 天理 達左	雄 雄 雄	干 于 于	著 著 著 著	開 開 開 開	未 未 未	兎 兎 兎	仇 仇 仇	駿 駿 駿	國 國 國	琰 琰 琰
例文과 叢書의 校勘	李密之雄才	九干等云	唯紫蜺自天垂而著地	衆庶復相聚集開合	寸陰未移	復兎焉	好仇未得	持駿烏	辰下見中	瓊玖
校正本의 校勘	雄(雄)	于(干) 于(干)	著 著 著 著					駿 駿 駿 駿 駿	國 國 國 國 國	

附錄 3 卷二의 文字異同과 旣存 校正本의 校勘 狀況 NO 14

附錄 3 卷二의 文字異同과 旣存 校正本의 校勘 狀況 NO 15

板本	43 後 字行 19	10 8	44 前 5 字	10 8	44 後 3 20	45 後 1 左 12	3 6	5 18	46 前 4 左	47 前 8 13
混山 서울 晩柏 天理 遼左	藥藥藥藥	怖怖忙怵	殊殊殊殊	遠遠遠遠	忘忘忘忘	稱推推推推	夢夢夢夢	間間間間	秋秋稚秋	仇仇仇仇
例文과 叢書로 校勘	奪嗣享	余甚怖畏	反受其殃	建安四年	豈有不亡之圖	節使	戀見七八介鬼神	其病不間 渡關而死	秋收冬藏	趙国孫女好仇
校正本의 校勘		惟惟惟惟				稚稚稚稚稚(稚)		問問問問		

附錄 3 卷二의 文字異同과 旣存 校正本의 校勘 狀況 NO 16

板本 / 發行宮	47 前 1/Z1	47 後 9/15	48 前 7/9	48 後 6/9
泥山 / 서울 / 晩松 / 天理 / 蓬左	圖	乎 手 手 手 乎	玉 玉 玉 玉	親 親 親 親 親
例文과 筆寫者註	三月二十三日即位	君鑑易卦乎	許黃玉王后	王使親軍卒
校正本의 校勘	□ □ 無 (=) ⟨=⟩			親 親 親 親 親

附錄 3 卷二의 文字異同과 旣存 校正本의 校勘 狀況 NO 17

發行字	8 前 7 16	9 前 1 1	10 後 10 6	27 前 7 8	30 前 乙 江	31 前 4 左 13	23 前 10 R-4 11 1
板本							
完山 서울 晚松 天理 連大	禾	則	寸	日	叛	非也	頃載接陸擲　須載接陸擲　始修睦祁倻　須載接陸擲　我太祖（始文修）（陸二郡）之好
例	丙午歲（禾）不登	以（則）可見夫人突　以殊打岸	玉玉莖长八（寸）	日（日）山	於是萓竊有（叛）心	萱襲取高鬱府（）刑	
校正本의 傳勤	禾／禾／禾／禾／〈禾〉	則／則／則／則（則）／〈則〉	寸／寸／寸／寸／寸	日／日／日／日／日	叛／叛／叛／叛（?）／〈餌〉	非也	是實戴接陸　愛戴接陸擲　愛戴接陸擲　夏戴接陸擲

附錄 4 卷三・四・五의 文字異同과 旣存 校正本의 校勘 狀況 NO 1

附錄 4 卷三・四・五의 文字異同과 旣存 校正本의 校勘 狀況 NO 2

受行字 板本	双13	後乙21	後乙20	前乙10	前乙21	後乙4	前乙20	後乙20	後乙7	後乙5 乙7	前乙1
			25	26	27	28	29	29	31	34	39
鶴峯手書 光和 天理 達左	王王王玉王	黃皎撿撿鈴	頌頌頌頌	言言言言	一二二二一	大大大大大	大六六六六	至至至至	頌頌頌頌		四口口口 給
例文과 著者의 私勘	玉帛・	王又震懼使檢之	田一萬頃	以高嗣調受旨・	又邀備湘二師齋・	入內侍大府卿李白全	以火檢看	至龍朔元年	頃刻		出水精介珠一貫戩之・
校正本의 私勘	奉旨 卽考 하였음 즉玉										給給給給〈戩〉

附錄 4 卷三·四·五의 文字異同과 旣存 校正本의 校勘 狀況 NO 3

附錄 4　卷三·四·五의 文字異同과 旣存 校正本의 校勘 狀況 NO 4

版行字	後 12 8 7	前 ㄹㄹㅈ 8 지	前 ㄹㄹㅈ 4 4	前 10 4 4	後 9 9 9 7右	雙 8 4 18	後 7 1 20	雙 6 1 4	前 ㄹㄹㅈ
鶴峯書	印	印	脫	匜	正	撫	攡	右	但	入
晩栢	印	印	脫	匜	正	撫	攡	右	但	入
天理	印	脫	匜	王	云	撫	右	但	入
蓬左	印	脫	匜	二	撫	攡	右	但	入
例文과 著者의 校勘	又帥印祀師叨期	晩年移止恒沙寺	皆匜測也	初希正敎	讀撫之卽穌	梨本婁攡	古人消息	但姓氏之朴薛	軍入揚都
校正本의 校勘			匜		云		右(古)		
			匜		云	攡攡			
			匜(匜)		《云》		右(古)		

附錄 4 卷三·四·五의 文字異同과 旣存 校正本의 校勘 狀況 NO 5

附錄 4　卷三·四·五의 文字異同과 旣存 校正本의 校勘 狀況 NO 6

板本／愛行字	11 前 9 18	9 11	後 7 11	6 後 4 15	5 後 8 13	10 7	4 雙 8 6	3 前 10 20	乙 前 9 20	1 6 19 前
寫書	凌	丘	儵	采	干	姝	馬	侍	放	伐
兒銘	淩	立	儵	来	干	姝	焉	侍	救	代
天理	淩	立	儵	来	干	姝	焉	侍	救	代
建立	淩	立	儵	来	干	姝	焉	侍	救	代
例文과 著者의 校勘	湧身淩空	比丘	備戰釋玄本所撰	有國已來	亦来安于莊備	慈藏之妹也	因名金光焉	鄭恭悖王和尙神衛	公遣居士往救乃解	左右請代之
校正本의 校勘										

附錄 4 卷三·四·五의 文字異同과 旣存 校正本의 校勘 狀況 NO 7

· 저자 ·

류부현   1988년 한성대학교 사학과 졸업
(柳富鉉)   1991년 민족문화추진회 국역연수원 졸업
            1990년 중앙대학교 대학원 도서관학과(석사과정: 서지학전공) 졸업
            1993년 동 대학원 문헌정보학과(박사과정: 서지학전공) 졸업
            2007년 현재 대진대학교 문헌정보학과 교수

● 삼국유사의 교감학적 연구

· 초판 인쇄 | 2007년 6월 30일
· 초판 발행 | 2007년 6월 30일

· 지 은 이 | 류부현
· 펴 낸 이 | 채종준
· 펴 낸 곳 | 한국학술정보㈜
            경기도 파주시 교하읍 문발리 526-2
            파주출판문화정보산업단지
            전화 031) 908-3181(대표) · 팩스 031) 908-3189
            홈페이지 http://www.kstudy.com
            e-mail(출판사업부) publish@kstudy.com
· 등   록 | 제일산-115호(2000. 6. 19)
· 가   격 | 23,000원

ISBN   978-89-534-2052-6 93020 (Paper Book)
       978-89-534-2053-3 98020 (e-Book)